传与承

——儿童非遗教育产品设计
之草编菱角

卢斌 著

沈阳出版发行集团

沈阳出版社

图书在版编目（CIP）数据

传与承：儿童非遗教育产品设计之草编菱角 / 卢斌
著 . -- 沈阳：沈阳出版社 , 2019.8
ISBN 978-7-5716-0231-4

Ⅰ . ①传… Ⅱ . ①卢… Ⅲ . ①草编 – 民间工艺 – 中国
– 小学 – 课外读物 Ⅳ . ① G624.753

中国版本图书馆 CIP 数据核字 (2019) 第 155086 号

出版发行：沈阳出版发行集团|沈阳出版社
　　　　　（地址：沈阳市沈河区南翰林路 10 号　邮编：110011）
网　　　址：http://www.sycbs.com
印　　　刷：定州启航印刷有限公司
幅面尺寸：170mm × 240mm
印　　　张：14
字　　　数：280 千字
出版时间：2019 年 9 月第 1 版
印刷时间：2019 年 9 月第 1 次印刷
责任编辑：周　阳
封面设计：优盛文化
版式设计：优盛文化
责任校对：赵秀霞
责任监印：杨　旭

书　　　号：ISBN 978-7-5716-0231-4
定　　　价：66.00 元

联系电话：024-24112447
E - mail：sy24112447@163.com

本书若有印装质量问题，影响阅读，请与出版社联系调换。

前　言

近年来，我国对非物质文化遗产的理论和保护研究也逐渐步入正轨。国家除了开展全国性的非物质文化遗产普查工作，建立层级名录制度，制定保护和抢救计划，还将每年六月的第二个星期六定为"文化遗产日"，以增强民众的文化遗产保护意识。"公约"第十四条"教育、宣传和能力培养"中明确提出为了使非物质文化遗产在社会中得到确认、尊重和弘扬，各缔约国应制定"向公众，尤其是向青少年进行宣传和传播信息的教育计划"。本书所研究的"小学非物质文化遗产科普手工包设计"也正是源于此。

小学非物质文化遗产教育是指小学教育中，以传承非物质文化遗产精神、传授非物质文化遗产技艺为目的的教学理念、教育目标和课程，包括教授具体非物质文化遗产项目和技艺，或在小学中对非物质文化遗产的理念、概念、内容、保护对策等内容进行宣传和传播等。小学非物质文化遗产教育以开展讲座、展览、融入课堂教学或课外活动教学及开设小学非物质文化遗产传承班等为主要形式。

作为云南省公布的第三批非物质文化遗产——草编菱角，见证了历史，历经了沧桑，发展到今天仍在延续。它的价值来自远古的美感，令人赏心悦目，而它匠心独具的装饰效果颇具民族民间文化内涵，富有吉祥如意的喜庆色彩。目前在呈贡可乐村只有年近 70 岁以上 10 多位老人在继承此项工艺。很少有年轻人继承，正面临失传的危险。作为非物质文化遗产的"云南呈贡草编菱角"，面临着传承与发展的困境。传承中即有发展，发展中亦有传承。二者缺一不可，难分彼此。缺少了发展的传承不具有绵长的生命力，因为历史总是向前推进的，而生命并非一成不变；缺少了传承的发展，则是无本之木，无源之水，抛开传承一味发展，往往会偏离轨道。

然而，传承非物质文化遗产蕴含着丰富的教育价值，非物质文化遗产教育不应仅仅存在于高等教育阶段。对于学生而言，非物质文化遗产传承和教育可以增进学生非物质文化遗产认识，加强学生的创新意识，锻炼小学生的语言能力、问题意识、艺术感知和动手能力，完善小学生的知识结构，提升学生的意志品质、培养对传统文化的兴趣，同时，非物质文化遗产传承和教育尊重文化多元性、培养了学生的爱国主义情怀。从长远意义上看，这是提升民族文化素质、塑造民族性格、开放民族胸怀、提升民族理想的手段之一。对于非物质文化遗产学科而言，其传承和教育在学校学科中的渗透，可以促进非物质文化遗产知识的广泛传播，促进下一代形成非物质文化遗产保护的良好习惯，也可以为原始的师徒传授注入新的活力，用现代科学教学方法促进非物质文化遗产传承，更直接地发掘非物质文化遗产传承的人才并从小培养。

本书的研究旨在希望设计能从功能与形式的对话、技术把握和材料性能的理解等方面，寻找"草编菱角"和"小学非物质文化遗产传承"契合点。以文化为经线，创意为纬线，把非遗宝贵、独特的资源，转化为小学艺术课中的有生力量，为云南省非物质文化遗产传承开辟一条崭新的道路。在社会各界利用非遗创造经济和社会价值的同时，学校应承担本真性传承教育的使命，创造条件让学生亲自参与到非遗活动中，弥补书本知识性学习的不足。但也要借助一些创新性的课程道具，例如具有本省非物质文化背景的手工材料包作为课程道具进行历史文化价值的熏陶，避免传承教育流于表面或产生技术化倾向。非物质文化遗产的共享理念和文化的自觉不仅需要自上而下的引导和外力作用，更应通过学校教育实现内价值的传承和内在动力的培养。

目 录

第一章　非遗及云南非遗的发展状况

第一节　"非遗"相关概念界定

"非物质"来源于《保护非物质文化遗产公约》的英语文本和法语文本的intangible一词，英直译汉为"无形的物质"，法语的词根就是物质，非物质文化遗产是相对用来区别物质文化遗产概念的，简称"非遗"。在我国非物质文化遗产其实就是长期被称为"民族民间传统文化"的同义语，而在少数民族事务管理的实践中被称为"少数民族民间传统文化"。在非物质文化遗产概念被广泛使用之前，国内有的单位和研究机构也称其为："无形文化遗产""民间传统文化""传统民族民间文化""人类口头与非物质遗产"等。2003年10月17日，包括我国在内联合国教科文组织框架内的各国在法国巴黎共同签署了《保护非物质文化遗产公约》（简称《公约》），随着我国正式批准加入联合国《保护非物质文化遗产公约》（2004年8月），我国当时正在酝酿中的《中华人民共和国民族民间传统文化保护法（草案）》也更名为《中华人民共和国非物质文化遗产法》简称《非遗法》，并于2011年2月25日通过。从此非物质文化遗产的名称在我国法律上得到了明确和定义。

参阅大多数的文献，笔者采取一般意义上的定义，即非物质文化遗产是指被各社区、群体，有时是个人，视为其文化遗产组成部分的各种社会实践、观念表述、表现形式、知识、技能以及相关的工具、实物、手工艺品和文化场所，包括口头传统和表现形式、表演艺术、社会实践、仪式、节庆活动、有关自然界和宇宙的知识和实践、传统手工艺等。

我国对非遗提出的生产性保护，是指在具有生产性质的实践过程中，以保持非遗的真实性、整体性和传承性为核心，以有效传承非遗技艺为前提，借助生产、护、传承和利用好世界各民族的非物质文化遗产成为近年来各国政府、文化学者和非物质文化遗产传承人的共同心愿，人们还为此展开了不同层面的行动。特别是 2003 年 10 月，包括中国等国家在联合国教科文组织框架内，共同签署了《保护非物质文化遗产公约》，确立了各国政府必须采取必要的行动，通过有关保护的措施，以防止非物质文化遗产过快地消失。

我国是世界上较早启动由政府组织保护非物质文化遗产的国家，有很多经验值得国际推广。2002 年，文化部牵头在全国开展"中国口头和非物质遗产的认证、抢救、保护、开发和利用工程"。2003 年 10 月签署了《保护非物质文化遗产公约》，同年全国人大常委会批准了该公约。2005 年 12 月，国务院发布了《国务院关于加强文化遗产保护的通知》，决定从 2006 年起，每年 6 月的第二个星期六为中国的"文化遗产日"。2006 年 5 月公布了中国第一批国家级非物质文化遗产名录，文化部和财政部也启动了保护国家级非物质文化遗产专项经费。接下来在 2008 年、2011 年分别公布了第二批和第三批国家级非物质文化遗产名录。2011 年具有里程碑意义的《中华人民共和国非物质文化遗产法》颁布实施，我国的非物质文化遗产保护、传承和利用有了正式法律意义上的安排。2012 年文化部发布了《文化部关于加强非物质文化遗产生产性保护的指导意见》提出借助生产、流通、销售等手段，将非物质文化遗产及其资源转化为文化产品的保护方式。

我国政府保护非物质文化遗产的不懈努力，也受到了国际社会的普遍关注，得到了高度赞扬。正如联合国教科文组织总干事伊琳娜·博科娃所讲的："中国的创意文化已然形成气候，创意产业正在改变着中国经济。除了经济方面的好处以外，创意文化还能增加全社会的包容性。我们很高兴看到中国正在着手处理如何将社区融入非遗保护中，不是仅仅把非遗视作研究对象这一问题，加大了对非遗保护工作的支持力度，以更好地让文化推动社会的可持续发展。"

针对少数民族非物质文化遗产，我国也提出了专门的管理和保护工作要求。比如，2005 年 12 月《国务院关于加强文化遗产保护的通知》中要求："加强少数民族文化遗产和文化生态区的保护。重点扶持少数民族地区的非物质文化遗产保护工作"。2009 年 7 月 5 日颁布施行的《国务院关于进一步繁荣发展少数民族文化事业的若干意见》中，提出了"加强少数民族非物质文化遗产发掘和保护工作"。2011 年 6 月 1 日实施的《中华人民共和国非物质文化遗产法》第六条规定，"国家扶持民族地区、边远地区、贫困地区的非物质文化遗产保护、保存工作"。2012 年《文化部关于加强非物质文化遗产生产性保护的指导意见》明确，要"发掘东中西部地区各自优势，规划建设各具特色的非物质文化遗产生产性保护示范基地，彰显区域特色和民族特色"。通过一系列的措施确立了我国保护、传承少数民族非物质文化遗产的基本要求。

云南省是我国民族文化的"富矿区",全国 56 个民族在云南都有常住人口,其中常住人口 6000 人以上的有 26 个,这其中又有 15 个为云南独有民族,16 个民族跨境而居。在长期的民族融合发展过程中,云南各民族文化都得到了较好的继承和发展,为形成各民族和睦相处,包容性发展,共同繁荣进步、共同团结奋斗提供了强大的智力支持和精神动力。云南民族文化的优势在我国市场经济体制确立以来得到了很好发挥,给云南发展注入了不竭的动力和源泉,文化产业建设和发展也走在了全国前列。早在 1996 年云南省政府就把建设民族文化大省提上了议事日程;1999 年中共云南省委全会确定把建设成为民族文化大省作为云南发展的目标和任务;2008 年 4 月,云南省做出了由民族文化大省向民族文化强省转变的决定,从而把对民族文化产业促进经济社会发展的认识提升到了新的高度。云南文化产业的增加值 2012 年达到了 640 亿元,占 GDP 的比重达到 6.2%,成为当之无愧的国民经济支柱产业。云南民族文化发展在全国获得了"云南现象"或"云南模式"的说法,取得了可喜的成绩,少数民族非物质文化遗产产业发挥的重要作用与贡献,有目共睹。

就全国范围来讲,云南省在保护、传承、利用少数民族非物质文化遗产方面一直都是走在了全国各省、自治区、直辖市的前列,特别值得一提的有:

一是在全国率先制定了《云南省民族民间传统文化保护条例》(云南省第九届人大十六次常委会议于 2000 年 5 月 26 日审议通过,自 2000 年 9 月 1 日起施行),开了以地方法规立法模式保护非物质文化遗产的先河。

二是在全国率先建立了完整的国家、省、州市、县四级保护名录体系。截至 2014 年,四级传承人认定公布的非物质文化遗产传承人或民间艺人达 3716 人,其中国家级传承人 69 人,云南省共认定省级非物质文化遗产传承人 1016 名,少数民族非物质文化遗产传承人占到 93%。云南省目前四级政府批准公布了 5440 项非物质文化遗产保护名录,其中列入国家级和省级的分别有"国家级名录 107 项(122 个保护单位)、省级名录 299 项(391 个保护单位)",有 95% 以上都是少数民族非物质文化遗产。"傣族剪纸"和"藏族史诗《格萨尔》"2 个项目入选联合国教科文组织"人类非物质文化遗产代表作名录"。全省至今已举办过四届《非遗画忆——云南非物质文化艺术作品展》。

三是自 1997 年开始,每两年一届,共举办了 8 届全省民族民间歌舞乐展演,推出作品 500 多项,云南在利用少数民族文化产业上,形成了自己独具特色的发展路子。

四是自 2003 年 3 月启动"云南省民族民间传统文化保护工程",到 2005 年底结束，历时两年半，率先在全国开展民族民间文化资源普查工作，基本摸清了家底，为建立保护名录体系、认定代表性传承人和设立传统文化保护区奠定了坚实的基础。

与此同时，云南各州（市）、县也在不断加大以旅游产业为驱动的少数民族非物质文化遗产的保护、传承利用力度，一时间"七彩云南"形成了缤纷多彩的文化旅游热潮。丽江、大理、西双版纳、香格里拉等地的少数民族非物质文化遗产紧密结合旅游产业，发展态势良好，形成了一系列潜力巨大的文化旅游品牌。

还出现了丽江纳西族东巴文化、大理白族三月街、西双版纳傣族泼水节、迪庆藏族香格里拉等具有世界级震撼力的文化品牌都陆续走出国门，并喷式地形成了叫响世界的文化大观。毫不夸张地说，通过旅游与少数民族非物质文化遗产的深度融合，云南少数民族非物质文化遗产产业闯出了一条适合自身特色的保护和发展之路。与此同时，云南少数民族非物质文化遗产产业的路子还较为狭窄，在利用方面还较为分散，还不能够完全依靠自身潜质积极抵御全球化带来的负面影响，在造福全民族的发展观念上还有相当大的差距。这些问题的原因是多方面的：有历史上不重视造成失误方面的原因，也有非物质文化遗产自身传承的特点方面的局限性；有非物质文化遗产产业受到限制的原因，也有对于产业管理模式重视不够方面的原因；既有文化市场消费规模不足，也有非物质文化遗产产业化程度远远不足的原因（全球化条件下，学者据中国人民大学和文化部文化产业司联合发布的"中国文化消费指数"测算，我国文化消费潜在规模为 4.7 万亿元，占居民消费总支出的 30.0%，而当前实际文化消费规模 1.0 万亿元，仅占居民消费总支出 6.6%，存在约 3.7 万亿元的文化消费缺口，我国居民潜在的文化需求未得到有效满足）。

人们对非物质文化遗产保护和传承方面进行了大量的研究，取得了很多的成就。这些研究成果引起了方方面面的重视，既有国际组织方面的行动，也有非物质文化遗产法律法规的相关保护措施，采取了包括行政、资金和社会行动等资源投入的保护性措施。但目前，在少数民族非物质文化遗产产业管理模式方面的研究还不多。本选题选择少数民族非物质文化遗产产业管理模式作为研究对象，希望能够在前人非物质文化遗产保护、传承方面研究的丰富成果的基础上，利用有关学科的基础知识，做理论上的探索。剖析云南少数民族非物质文化遗产产业管理模式的现状和原因，并提出建立云南少数民族非物质文化产业管理模式的建议。

因为非物质文化遗产必须与相关的产业结合，才会产生较大的经济价值，且其来源地多为经济欠发达地区，世界上许多非物质文化遗产来源地开发的直接方式就是把大量传统民族民间文化商品化。例如目前，非物质文化遗产中的手工艺制作已经形成了价值超过 300 亿美元的世界市场，仅在新墨西哥，印第安手工艺已经成为一个年收入达 80 亿美元的产业；在秘鲁，传统手工艺品的生产和销售构成其 GDP 的 50%；在布基纳法索，这一比例甚至高达 70%。基于这一原因，笔者将按照党的十八届三中全会对促进文化产业的繁荣发展确立的改革总目标，认真梳理有关促进文化产业发展和少数民族非物质文化遗产保护、传承、利用的政策。积极借鉴国内外发展文化产业的成功经验和有关学者研究的成果，总结分析云南少数民族非物质文化遗产产业管理模式的有关个案实践经验，从中发现存在的普遍性问题。尝试运用公共管理学、制度经济学、产业经济学、民族学、历史学、民族文化生态保护学等学科的相关理论知识，在分析云南少数民族非物质文化遗产产业管理中管理模式面临的机遇与挑战，借鉴世界主要的文化管理模式的基础上，研究怎样建立云南少数民族非物质文化产业的管理模式。同时，在主动融入国家战略，立足云南省情，着眼云南少数民族非物质文化遗产产业长远发展大局，提出有实用价值的具体意见和建议，为云南少数民族非物质文化遗产产业管理模式研究尽一分绵薄之力。

第三节　云南非遗与校园非遗文化传承思考

"文化是一个国家、一个民族的灵魂。文化兴国运兴，文化强民族强。"习近平总书记在十九大报告中深刻阐明，"没有高度的文化自信，没有文化的繁荣兴盛，就没有中华民族伟大复兴。"非物质文化遗产是一个民族个性、民族审美习惯"活"的显现，是整个民族最为鲜明的文化符号。对于非物质文化遗产传承的过程来说，人的传承最为重要，而民间艺人就是各自民族文化传统的承载者，他们拥有自己独特的语言、艺术、宗教、生活习俗等文化体系，对促进各自民族文化传统的继承和发展有重要的意义和作用。随着国家对民间艺人的保护越来越重视，很多优秀的民间艺人被列为各级别的"非遗"传承人。不过，也同时存在着一些危机现状：比如一些少数民族地处偏远，民间艺人少与外界接触，个别少数民族开化程度较低，很多民间艺人多讲方言，普通话说得不好，传承手段仅靠口传心授，宝贵的资料也没有文字记载；又或者民间艺人社会地位较低，不被人尊重，很多原生态的民族文化被现代人认为是过时的、与时代脱节的"老传统""老玩意儿"，难以被年轻人接受，优秀的民间艺人队伍逐渐缩小，优秀的民族文化遇到无人愿意继承的窘状，甚至一些传统礼仪、节庆等民俗也随着时代的发展逐渐"变异"，甚至消失。因此，大量珍贵的传统文化资源随着一辈辈老艺人的逝世与传承断代，正面临失传和难以为继的危机。针对这种状况，如何吸引年轻人并引导年轻人去接受和传承就成了关键的问题。

教育是文化的生命机制，学校是民族文化传承与发展最好的摇篮，在非物质文化传承与保护越来越受到世界重视的前提下，非遗进校园也逐渐得到各界专家学者的认同并在学校中得到推广，学校教育逐渐成为非物质文化得以延续和发展的一种重要手段。

云南是民族大省，在非遗资源方面有得天独厚的条件，应因地制宜选择一些适合学生学习的云南特色非遗文化项目，比如各少数民族的原生态歌舞、民族民间美术、传统手工艺等，将这些项目以不同方式引进校园，在学校开展丰富多彩的非物质文化传播活动，将德艺双馨的民间艺人请进小学、中学、大学，使学生从各个方面通过不同形式接触各民族的民俗文化、为学生灌输重视非物质文化遗产的观念，建立学生对民间艺人的尊重、喜爱，不仅有利于云南非遗知识的普及、增强学生的民族自豪感，同时也让民间艺人这个群体得到社会的认同，真正认识到非遗传承和发展的重要性，并逐渐将其转化和提升为一种社会和民族的责任。

当今，云南少数民族非遗产业以独特性、多元性、回归性、关联性、变通性、生产性的发展势态呈现出勃勃生机，同时也因稚嫩无序而问题不少。特别是新生代传承人的受教育层次、生存状况、非遗的承传活动环境在不断发生变化，数字化时代在保护非遗的同时也在催生非遗产业。非遗产业发展的现实问题是新生代承传人队伍的质量和数量问题，也就是新生代承传人的培养问题，非遗传承历经艰涩的族群认同到社会认同然后步入学校教育体系，引发更为广泛的文化自觉与文化认同，步履非凡，形成"似铁雄关步履健"的发展势态。但承传的主体是人，可持续发展需要的是活态的承传人，承传人的培养问题是关键的现实问题，如何将非遗引入地方学校系统进行培养，是值得探索和研究的一个新问题。

第二章　儿童非遗教育现状与方法

第一节　儿童非遗教育的价值与意义

云南非物质文化遗产是云南群众创造和世代相承的各种传统文化表现形式及其相关的实物和文化场所。作为承载着民族独有文化基因和精神特质的云南非遗既是云南生存、发展的重要标志，也是中华民族文化的重要组成部分。近年来，随着世界经济和文化发展一体化对民族民间文化的冲击，一些口传身授的非遗正面临急剧的流变，许多云南地区传统技艺已淡出了人们的视野，非遗日渐式微的困境使其保护工作逐渐上升为国家文化发展战略的高度，得到了越来越广泛的重视。"教育是文化传承的一种重要方式，我国具有多元的民族文化，因此教育应反映各个民族丰富多彩的文化。"目前，将非遗保护纳入教育体系，尤其是学校教育保护体系已逐渐形成共识。"非遗学校教育，指的是由正规的教育机构组织实施的，以在校学生为服务对象，以培养文化自觉认知能力、认同能力、参与能力及其反思能力为教育目标，以素质教育和专业教育为切入点，通过课堂教育和课外教育方式开展的一切与非物质文化遗产传承保护相关的有目的、有组织、有计划的教育活动。"近年来将云南地区非遗从学校教育保护的层面进行理论与实践的探讨已成为研究关注的热点。

我国的《中华人民共和国非物质文化遗产法》（简称《非遗法》）第一条将立法宗旨高度概括为三句话，即"继承和弘扬中华民族优秀传统文化，促进社会主义精神文明建设，加强非物质文化遗产保护、保存工作"。在第四条规定了保护非遗应当"有利于增强中华民族的文化认同，有利于维护国家统一和民族团结，有利于促进社会和谐和可持续发展"。可以认为，这三个"有利于"既是非遗保护应遵循的指导原则，也是非遗保护应达到的社会效果和目的。由此可见，非遗保护具有文化、社会、经济、政治的重要意义。

在上述三个"有利于"中，增强中华民族的文化认同是核心和基础，因为若没有文化的认同和归属感，便不会有国家的统一、民族的团结、社会的和谐及可持续发展。在中华民族文化认同中，文化遗产起着不可替代的、连通血脉的作用。而文化认同，以及在此前提下的文化自觉与文化自信，是道路自信、理论自信、制度自信的根，也是中华民族伟大复兴的魂。

习近平同志多次强调，中华优秀传统文化"是民族的'根'和'魂'"，"是中华民族的精神命脉，是涵养社会主义核心价值观的重要源泉，也是我们在世界文化激荡中站稳脚跟的坚实根基。"因此，通过增强文化认同，非遗保护在落实"弘扬社会主义核心价值观，提升国家文化软实力，建设社会主义文化强国"的文化战略思想和国家发展方略中，在与世界的"文明交流互鉴"中，有其独特的作用。

一、非遗教育是学校的法定责任

正因为非遗具有如此重要的（如《保护非物质文化遗产公约》（简称《公约》）所言"不可估量的"的）意义与作用，我国《非遗法》有多个条款要求开展面向社会的非遗宣传和教育。如规定了政府加强对非遗保护工作的宣传，提高全社会保护非遗意识的责任；规定了新闻媒体开展代表性项目的宣传，普及非遗知识的义务；规定了代表性传承人参与公益性宣传的义务；规定了公共文化机构、学术机构、团体等开展非遗代表性项目的宣传、展示的义务。

而最具深远意义的是，对应于《公约》中"特别是通过正规和非正规教育"进行非遗传承的强调，我国《非遗法》要求"学校应当按照国务院教育主管部门的规定，开展相关的非物质文化遗产教育"（第34条）。这一条款不仅第一次确立了非遗教育的法律地位，而且把开展非遗教育作为学校的法定责任义务，同时也要求教育部门及时做出相应的规定，作为实施本法所需配套的部门规章，供学校开展非遗教育时遵循。

可见，非遗教育是履行《公约》义务、保护中华文明的国家行为，是《非遗法》规定的教育等机构应履行的法律义务。

与非遗社会宣传比较，学校非遗教育的作用、意义更深远和重要。这是因为，一方面，青少年处于文化启蒙、人格养成、世界观形成的关键阶段，非遗教育必须从娃娃抓起；另一方面，国民教育学校的文化教育资源丰富、完整，有进行系统全面的传统文化教育以及与其他学科融合的教育和研究的最佳条件。而且，任何形式的社会宣传都不可能送达所有人，唯有通过一代代的学校教育，才能达及每一个公民，形成全社会、全民族的文化认同。因此，面向全体学生进行非遗教育、培养各层次非遗工作人才以及开展相关研究，是教育系统无可替代、责无旁贷的责任和义务。

二、非遗教育的目的与宗旨

各级各类学校非遗教育的功能不同。总体的学校非遗教育应达到以下目的：

一是非遗代表性项目的展示宣传、知识普及、技艺传承，达到使全体学生"知"，部分学生"会"，以此为专业技能的学生"精"；二是通过对非遗文化内涵的教育，使学生了解、认识自己所处的文化（包括故乡地方文化、各民族文化和中华文化），并对之建立和增强认同感、亲近感、归属感和自豪感，欣赏和热爱自己的文化（"各美其美"）；三是学会对其他不同文化的尊重、欣赏、学习、共处（"美人之美，美美与共"）；四是利用非遗资源，从中获取素材、打造基础，以对学生进行创造创新能力教育、爱国主义教育、优秀传统文化教育和价值观教育。

如果说非遗项目的展示、传承是有形的教育过程和目标，那么促进文化认同进而文化自觉、文化自信，解决好人与社会的文化关系，从而既有益于个人，更有益于社会进步，则是深层、长远的教育宗旨。非物质文化遗产不仅充实我们共同体的文化，而且这些来自本土、来自民间社会的文化遗产，提供了线索帮助我们了解这个文化从哪里来。因此，非遗教育、文化认同有助于社会共同体的文化自觉。

自20世纪末至今，在同一时期，文化自觉的概念在中国学界从出现到流行，非物质文化遗产的概念从联合国提出到中国热烈响应。有学者注意到这两个重大文化事件的历史相遇，呼吁学界研究二者内在的关联。

三、多层次多类型的非遗教育

非遗教育是涉及所有学校的，包括多种类型、层次、学科、形式的教育教学活动，可以构成一个多维系统。非遗教育融合知识、技能、文化精神等综合素质教育，会影响和改善个人的成长、生活态度、创造力等，也会帮助部分人就业。但是非遗教育更重要的价值是宏观的，在于对集体和社会的长远效果，这就是使非遗在社会中得到认可、尊重和弘扬，保持文化多样性下的社会和谐与进步。从义务教育学校、普通高校到职业技术学校，各层次、类别、行业的非遗教育有共性，但更有各自的不同特点。非遗教育总体的开展与提高，需要跨部门（如文化、教育等）、跨机构（如学校、院团等）的合作，需要跨学科（如文化学、艺术、科学技术等）的交叉融合。当前亟须对非遗教育进行总体、顶层的研究，形成共识，做出设计规划，以便于各具体非遗教育的推进、发展。教育主管部门应按《非遗法》的要求，出台有关的规定，以指导和规范学校开展非遗教育。

四、非遗进校园是良好开端

各级各类学校的非遗教育，包括以下不同层次、类型的教育教学：非遗知识的介绍宣传；代表性项目展示（包括设立场所）；代表性项目的技艺学习、传承；代表性项目新一代传承人的培养；非遗研究（包括非遗的文化、科技研究，保护方法研究，管理研究，跨文化的非遗比较研究等）；非遗从业人员的培养和继续教育（如传承人进修提高，非遗师资培养，高层次研究人员培养等）；国内、国际学术交流与合作等。

教育界参与非遗传承与教育的热情逐年高涨，新的非遗研究机构、学术刊物、职业教育学校等充满生气。越来越多的普通学校自觉地探索非遗教育，通过"非遗进校园"活动，让代表性项目进校园展示、表演，从而扩大非遗宣传、丰富校园文化。这是一个可喜的开端，由此起点我们可以期望，非遗还要逐步地进课堂、进教材、进课程（作为课程体系的一部分）、进学科（非遗新学科、交叉学科列入学科目录）、进专业（在学科群基础上形成新的专业或职业方向），还要进社会（学校参与非遗的社会教育与研究）。覆盖全体学生、体系完整、联系社会的学校非遗教育，会为中华文化复兴和民族复兴，做出应有的贡献。

近年来致力于研究非遗教育的普丽春教授认为，非遗教育传承具有民族和谐的社会基础价值、民族艺术的繁荣特色价值、民族精神的教育传承价值和民族文化的经济互动价值等。传统文化教育能够增强学生的民族文化认同感和自豪感，激发学生热爱家乡、积极投身家乡建设的愿望；同时，云南地区文化的传承发展，利于遏制民族文化的趋同化，保护中华民族文化的多样性。学校教育中引入云南地区非遗利于增强地方学校德育的吸引力、渗透力，丰富和拓展德育的内容和范畴，唤醒学生的民族认同感，形成民族凝聚力，促进地方非遗的传承保护。学校开展非遗教育具有拓展教学内容，丰富校园文化，强健体魄，愉悦身心，培育民族情感和精神的价值。还有研究者从少数民族美术类、音乐类、民俗类等非遗学校教育的角度探索其价值。正因为少数民族非遗教育有如此重要的作用，通过学校教育开展民族非遗的传承就成为教育工作者义不容辞的重任。

第二节　儿童非遗教育存在的问题与对策

　　虽然云南地区不少学校的非遗教育探索卓有成效，但研究者也发现了一些普遍存在的问题，并提出了相应的解决问题的策略。民族地区的学校教育，在课程的价值取向上，存在以国家主流文化为学校和学生发展的价值取向的倾向，这样的价值取向单一化，不利于培养学生的多元文化素养；在课程的设置上，缺乏非遗的人才培养体系。从传承的目标看，民族学校更多关注的是文化遗产本身的传承，而忽略了对学生进行民族精神和民族价值观的塑造；从教学内容看，很多民族中小学所传承的非遗仅是一种文化碎片，即只教授些浅显的、表面化的、静态的物质形态的民族文化，而未能触及隐含其中的文化意蕴；从教学方式看，非遗的教育活动未能与现代社会和学生的生活联系起来，造成非遗传承与现实社会疏离，且传承活动有些随意和偶然。民族地区非遗从教育实施的状况看，缺乏统一认识和理论层面的指导，传承内容、方法、时间基本都处于"无序"状态；从保障体系看，政策、制度等保障体系不健全，非遗保护资金投入不足，非遗教育或缺乏相应的评价体系，或评价缺乏民族和文化的差异。受应试教育束缚，民族文化教育形同虚设，缺乏民族文化教育的师资队伍，缺乏必要的交流与合作也是研究者提出的在非遗学校教育中普遍存在的问题。

　　发现问题固然重要，解决问题才是科学研究的目的和落脚点。非遗的学校教育是一个系统工程，围绕着非遗学校教育的理念与目标、专业与课程、教育教学方式与方法、评价机制与招生制度、师资队伍与保障体系建设等一系列问题，专家学者提出了一些有价值的意见和建议。

　　其一，关于非遗学校教育的理念与目标。理念是行动的先导，引导和制约着人们的实践活动。杨明宏等认为，在学校教育中应该调整文化取向的单一化倾向，维系主流文化与民族传统文化的联动共生关系，既重视国家主流文化，又要"给学生提供文化选择的权利和机会，使他们获得适应本民族文化、主流文化以及全球社会所必需的知识、技能和态度"，即应该以多元文化的理念为学校教育发展的价值取向。教育目标是一切教育教学活动的航标和归宿。非遗学校教育的目标是："打破传统学科课程体系，调整和改革课程的结构和内容，构建包括少数民族非物质文化遗产内容的新的教育课程结构体系，让学生了解云南地域非遗文化；通过教学，提高学生的学习热情和参与非物质文化遗产实践的能力；通过非物质文化遗产的传承培养学生良好的注意力、观察力、想象力和记忆力，促进人的全面发展；提高学生学习非物质文化遗产的兴趣，培养民族情感、意志和良好的性格。"

其二，关于非遗学校教育的专业与课程。课程是实现教育目的的最重要的载体，在专业和课程设置方面，学校应设立非物质文化遗产相关课程，开设民族民间文学、科学技术、工艺美术、民间技能等课程，但课程结构要多样化。在课程建构方面应该大力开发非遗地方课程和校本课程，要选择好非遗的教材内容，并采用穿插式课程、附加式课程、渗透式课程三种形式，将非遗融入课程体系。在非遗课程体系的建设方面，要注重将课堂传授、现场观摩、田野调查与实践演练结合起来，运用影视、网络、广播、图片和多媒体等现代教学手段进行教育教学；同时，开展"非遗进校园"的社团文化活动，组织学生参加非遗调研的社会实践，建立非遗兴趣小组，开展"学、演、练、研"活动，利用图书馆、档案馆、展览厅等文化空间设施营造校园"非遗氛围"。

其三，关于非遗学校教育的评价机制与招生制度。科学合理的教育评价可以有效引导非遗教育形成良性循环。学校教育传承非遗应选择有差异性的教育评价，评价应有民族、文化的差异及人的发展性差异，且应注意评价的持续性与激励性。改革教育评价制度，将民族文化学校教育传承的情况及达到的效果纳入教学评估、督导、评价体系等。

其四，关于非遗学校教育的师资队伍与保障体系建设。师资队伍建设是非遗学校教育有效开展的关键因素，在培养非遗教育的准教师方面发挥作用，在音乐、美术、体育、文学等专业设置非遗的专业知识课程，并进行相关的技能训练。教育文化部门应定期对承担非遗教育的教师或传承人进行培训，同时开展校本培训、教学观摩等活动，多渠道培养师资队伍曾梦宇等认为教育、民委和文化等部门可联合建立传承人师资库，统筹安排传承人授课。加强双师型师资队伍建设，构建稳定的传承师资队伍，采取定向委培，或优先录用的方式，吸收新鲜力量。招聘文化水平较高同时专业特别优秀的民间艺人。支持系统民族非遗教育得以顺利开展的重要保障，加强有关配套规章制度的建设，加大对民族文化保护资金的投入，建立民族文化教育基地和研究基地，建设民族非遗课程资源库，加强各方的交流与合作。在民族教育与普通教育的比较中，把握民族教育的独特性与运行规律，以让民族教育的正向功能得以充分发挥。

第三节　儿童非遗教育研究的特点与趋势

一、研究呈现多元化的理论视角，但对实践的引领与指导不足

多元文化教育理论是民族文化教育领域研究的普遍视角，除此之外，研究者还通过人类学、教育人类学、文化生态学、教育社会学等理论进行非遗教育的研究。有学者从人类学的视角，通过对桂西两所小学非遗教育实践状况的对比，提出民族地区学校推进非遗教育实践，能够祛除学生民族自我中心主义，消解民族偏见，形成和而不同的正确文化观。教育人类学主要从文化的传承与教育的角度观察和解读不同民族为什么会形成自己独特的智力因素和非智力因素特征，王军就运用这一理论，探讨民族文化开发与利用对人的功能和价值。彭永庆以文化生态学理论为研究视角，提出"在探讨民族地区教育的发展时，应积极应对社会环境的变化，并结合非物质文化遗产的实际结构及其流动，来调整教育的结构、形式与类别，从而实现民族地区教育与文化的'和谐'发展。"李萍从教育社会学视角关注地方学校参与少数民族非遗的教育传承服务实践，为非遗传承保护提供一种基于双向互动关系而获得共赢的问题解决模式。这些观点为关注非遗的学校教育提供了多元的研究视角，但有些研究成果缺乏对民族非遗学校教育有针对性的引领和指导。

二、研究呈现明显的地域性、交叉性特征，但优秀研究成果缺乏有效推广

目前非遗学校教育研究主要涉及苗族、彝族、侗族、瑶族、土家族、回族、东乡族、藏族、蒙古族等少数民族文化，对民族人口较少的裕固族、鄂伦春族、赫哲族、水族文化也有研究者进行了关注。这些民族主要聚居于我国的西南、西北、东北、中南地区，因而非遗教育研究呈现出地域性研究（区域视野）所占比重较大，保护和研究的个案居多的特征。区域性大学往往利用地缘和民族资源优势，为更好地维护民族的文化命脉而承担起非遗教育、科研、社会服务的责任，在研究中往往以某一民族或某一地区、学校，某一具体非遗内容的教育为研究对象，通过教育社会学研究的方法对民族非遗教育展开研究。分析近年来的研究文献，发现对西南地区非遗学校教育的研究文献较多。西南地区是我国少数民族种类最多且非遗保留相对比较完整的地区，非遗的教育探索起步较早且卓有成效，

并且该地区注重对地域民族文化的挖掘与关注，所以民族非遗研究成果相较其他地域更为丰富。研究中还有一个现象值得深思，以地域视野所进行的非遗学校教育的研究，研究思路一般是先对地域民族非遗内容进行概述，探究其学校教育的意义或价值；再通过现状调研，发现问题，提出对策。问题与对策主要集中于要转变观念，树立多元文化教育理念；重视民族非遗师资的培养；开发民族非遗资源，编制相关的校本教材；调整评价方式，注意评价的差异性、民族性；加大非遗保护资金的投入力度等。研究结论呈现明显的交叉性，重复研究的现象比较普遍，这也反映出优秀研究成果缺乏有效的推广，研究者之间缺乏一定的合作与交流。

三、研究往往由课题来带动，但实践研究缺乏持续性

课题研究是教师开展教育教学研究的重要形式，对教师的专业发展有着重要的促进作用。从笔者所搜集到的资料分析来看，对民族非遗学校教育的研究有一半以上获得了国家级、省部级、校级等各类项目的资金支持，以课题来带动研究，对所在区域民族非遗资源进行深入挖掘、整理和研究，这既是学校办学活力的根基所在，也是引领、推动地方民族文化前行发展的使命和责任。但分析相关的文献资料，笔者也发现了一个令人忧虑的现象，随着研究项目的结题，一些研究者对非遗学校教育的关注即告一段落，持续性的研究成果比较缺乏。

反思近年来非遗学校教育的理论研究和实践探索，我们深切地感受到成就与问题并存。以多学科融合的视角构建非遗学校教育的理论基础，提升理论研究对实践的有效指导，加强对非遗教育问题的持续性关注，注重合作与交流是今后这一领域研究的必然追求。

第三章　草编菱角及其文化内涵

第一节　呈贡与呈贡非物质文化遗产

一、呈贡的概述

呈贡，因彝语"柴谷"而得名，意为盛产稻谷的海湾坝子。位于云南省滇东高原腹地，滇池东岸，为昆明市级行政中心、云南省高等教育文化中心和点中城市圈的核心枢纽，距南市区 12 公里，长水国际机场 15 公里。东经 102°45′ - 103°00′，北纬 24°42′-25°00′。

（一）呈贡历史概况

呈贡历史悠久，是古滇文明的发祥地。3 万年前，"昆明人"就在呈贡大渔龙潭山一带繁衍、生息。公元前三世纪，楚国大将庄蹻率部入滇，建立了盛极一时的古滇王国，楚文化和滇文化相互融合，书写了古滇国波澜壮阔的历史画卷。十三世纪中叶，元平大理后，公元 1275 年设置呈贡县，沿袭至今。2011 年呈贡撤县设区，掀开了呈贡历史崭新的一页。

呈贡湖光山色，风光旖旎。东有梁王雄峙，如倚天之剑，峭壁千仞，群峰簇拥，古木参天，登高远眺"一山观三海"（滇池、抚仙湖、阳宗海），景色十分壮观；西则滇池潋滟，万顷晴沙。北起彩龙村，南至大湾 20 余公里的滇池湖畔，看风梳雾鬓，听渔舟晚唱，日桅樯满湾尽泊，夜渔灯火与星月交辉的乌龙渔浦，倚千仞绝壁，瞰百里烟波的海晏石龙寺，恰绿云出岫，似翠羽摩岭的三台山。南北数十公里有山岳、生物化石、洞穴、湖泊、森林、长堤、海滩；北部有七甸古驿道中"宜省道""滇桂道""通京道"必经之地；中部有白龙潭、松茂水库（水上运动训练中心）和三恋塘，以"彩洞奇鱼，龙山花坞"而著称，是理想的游览胜地。

呈贡历史悠久，在距今3万年前的旧石器时代就有"昆明人"在此生息繁衍。

春秋战国时期，呈贡属于古滇国的中心区创造了灿烂的青铜文化。

西汉元封二年（公元前109年），西汉王朝在古滇国区域设置益州郡，呈贡属于益州郡谷昌县地，历经汉晋南北朝而未改。

隋唐时期呈贡为昆州益宁县地。南诏大理国时期，呈贡属于三十七部强宗部，彝族先民建有呈贡城。

元平大理后，先于宪宗六年（1256年）立呈贡千户，隶属善阐万户，下辖呈贡、诏营、切龙、雌甸、塔罗、罗忽、安江、安棚、大吴龙和乌纳山区。

至元十二年（1275年），割呈贡、诏营、切龙、雌甸、塔罗、罗忽6城及乌纳山区首置呈贡县，为中庆路晋宁州领县。由于原呈贡千户所辖的南部地区被分设为归化县，所以区域明显缩小。不久呈贡县改为晟贡县。

明洪武十六年（1383年）复为呈贡县，下辖4里。

清康熙七年（1668年）归化县制撤销，所辖2里并入呈贡县，并废里改乡。

清雍正五年（1727年）呈贡县改属云南府晋宁州领县。民国呈贡县直隶云南省。

1927年，呈贡县所辖6个乡改为4个区，区下共辖69个乡（镇）。

1950年1月12日成立呈贡县人民政府，隶属云南省玉溪专区，下辖平原、三台、果园、七星、梁王、海宝6个区。同年8月，并平原、三台为平原区，并果园、七星为果园区，并梁王、海宝为梁王区，3区共辖27个乡。

1958年全县建为乐园、幸福2个人民公社，下辖19个管理区。同年12月10日，呈贡县建制撤销并入晋宁县为呈贡人民公社。

1961年4月从晋宁县划出龙街、吴家营、大渔、洛羊、马金铺5个人民公社成立呈贡区，隶属昆明市。

1963年呈贡区增设七甸人民公社，全区辖6个人民公社。

1965年9月1日恢复呈贡县建制，仍隶属昆明市。

1984年全县撤公社建为1镇6区，下辖59个乡、3个乡级镇和3个乡级办事处。

1988年区（镇）改乡（镇），全县设龙城、洛羊2个镇和龙街、七甸、吴家营、大渔、马金铺5个乡，下辖65个办事处。

1999年龙街乡更名为斗南镇，全县辖4乡3镇。

2003年5月，根据云南省委、省政府提出的"一湖四环""一湖四片"的现代新昆明的战略构想，呈贡县的龙城镇、洛羊镇、斗南镇、吴家营乡、大渔乡的160平方千米区域被确定为现代新昆明的东城区，后又称为呈贡新城。

2006年9月后改称为呈贡新区。

2007年12月，呈贡县所辖龙城镇、洛羊镇、斗南镇、吴家营乡建制撤销，分别设立龙城、洛羊、斗南、吴家营4个街道，其辖区范围分别为龙城镇、洛羊镇、斗南镇、吴家营乡的辖区范围。

2008年5月1日，呈贡县马金铺乡的86.88平方千米范围由呈贡县人民政府委托昆明高新技术开发区管理委员会管理，大渔乡的24.99平方千米范围由呈贡县人民政府委托昆明滇池旅游度假区管理委员会管理，洛羊街道的71.44平方千米范围由呈贡县人民政府委托昆明经济技术开发区管理委员会管理，全县辖区面积461平方千米，实管龙城、斗南、吴家营3个街道和七甸乡，实管面积277.69平方千米。

2008年9月23日后，呈贡县按照县改区的体制机制，强化区的功能，弱化县的功能，减少行政层级，县、新城管委会实行老人老办法、新人新办法的原则进行实体化管理改革：成立"中国共产党昆明呈贡新区工作委员会"和"昆明呈贡新区管理委员会"，并与中国共产党呈贡县委员会和呈贡县人民政府合署办公，实行一套班子两块牌子。

2009年，七甸乡和已托管的大渔乡、马金铺乡先后撤乡改街道。

2010年7月1日，呈贡县七甸街道的126平方千米范围由呈贡县人民政府委托阳宗海管理委员会管理。

2011年5月20日，经国务院批准，国务院办公厅下发《关于同意云南省调整昆明市部门行政区划的批复》（国函〔2011〕58号），同意撤销呈贡县，设立昆明市呈贡区。

2011年末，呈贡区辖龙城、斗南、吴家营、洛龙、乌龙、雨花6个街道29个社区及已托管的洛羊、大渔、马金铺、七甸4个街道36个社区，辖区面积461平方千米。呈贡区委、区政府实管龙城、斗南、吴家营、洛龙、乌龙、雨花6个街道29个社区，实管面积151.69平方千米。

（二）呈贡气候概况

呈贡气候宜人，属低纬度高原季风型，光照充足，年平均日照时数2200小时，年均温度14.7℃，最冷月平均温度7.7℃，最高气温月平均温度20.6℃，全年无霜期285天，全年平均降雨789.6毫米，冬无严寒，夏无酷暑，气候温和。

（三）呈贡人口概况

呈贡区是一个以汉族人口居多的多民族聚居区。2011 年末，全区居民主要分为汉、彝、回、白、哈尼、壮、傣、苗、傈僳、拉祜、佤、纳西、景颇、瑶、藏、布朗、阿昌、怒、普米、德昂、独龙、蒙古、基诺、水、满、布依等 40 余个以上民族。

（四）呈贡历史文化

1. 张天虚故居

张天虚故居（图 3-1）位于呈贡区龙街中段，建于 1890 年，2008 年修缮。坐东向西，占地 193 平方米。为四合院二层楼民居建筑，前三间临街为铺面。张天虚于 1911 年 12 月 8 日诞生于此。

图 3-1　张天虚故居

张天虚（1911—1941），原名张鹤，呈贡龙街人，中共党员，著名"左联"作家，著有《铁轮》等文学作品 300 多万字。曾在日本亲理挚友聂耳善后，主编《聂耳纪念集》，携其骨灰回国。抗战时期，赴延安参加八路军西北战地服务团，从事战地演出。1938 年随六十军参加台儿庄等战役，1939 年赴缅甸仰光，担任《中国新报》编辑，进行抗日宣传。1941 年 8 月 10 日在昆明病逝。郭沫若盛赞："西南二士，聂耳天虚"。1986 年公布为县级文物保护单位。2009 年列为市级挂牌博物馆。2011 年公布为市级文物保护单位。

2. 冰心默庐

冰心默庐原名华氏墓庐，为呈贡斗南村华氏民国时期守坟祭祀先辈使用的祠堂（图3-2）。抗战时期，为避敌机轰炸，著名作家冰心和丈夫吴文藻一家随西南联大辗转南迁至昆明呈贡。1938年至1940年居住于此，冰心应邀义务任教呈贡中学，题写了"谨信弘毅"的校训，为《呈贡县立中学校歌》作词。冰心陶醉于默庐的自然美景之中，她取"墓"的谐音字"默"，创作《默庐试笔》赞美呈贡的风光景物，以对自然和对学子的爱来抚慰自己一颗忧国忧民的心。1940年2月28日，《默庐试笔》在香港《大公报》上发表，"默庐"雅号流传至今。

图3-2　冰心默庐

（五）呈贡名优特产

1. 呈贡宝珠梨

呈贡宝珠梨是云南省闻名的特产水果。2005年9月，"呈贡宝珠梨"在国家工商行政管理总局商标局成功注册，是呈贡县重点打造的五大品牌之一。果圆形，一般重200～330克，大者达500克，皮薄，淡黄绿色，果肉雪白，脆嫩，汁多，味浓甜，微香，食后无渣。宝珠梨是云南众多梨果中的佼佼者，中国优良品种梨树。蔷薇科梨落叶乔木。温带果树。原产云南省呈贡县，是东方梨系统沙梨类经济栽培种。据记载，栽培历史最早见于明代。适于温暖湿润气候，树姿开张。果近球形，果皮呈黄绿色，萼片脱落，果实不经成熟即可鲜食，味甜质酥，石细胞稍多。

2. 呈贡臭豆腐

臭豆腐是云南民间颇为盛行的一种著名豆制品，以昆明市呈贡县所产品质最佳，且历史悠久。呈贡臭豆腐质地软滑，散发异香。一般都是边烧边吃。呈贡臭豆腐相传始于清康熙年间，最早是由该县七步场村的王忠发明的。康熙帝品尝后，对其美味甚是赞赏，列为"御膳坊"小菜之一，并赐名为"青方臭豆腐"。

（六）旅游景点

1. 昆明七彩云南景区

七彩云南，位于昆明至石林公路旁，距昆明 12 公里。它是诺仕达企业集团投资兴建的集旅游、休闲、观光、餐饮和购物为一体的大型综合性旅游企业。是云南唯一一家零售商场示范单位。来自全国各地的旅行团，几乎都会被导游带到"七彩云南"，那里有百年老店"庆沣祥"茶庄，还有各类购物馆出售银饰、玉器、土特产、中药材等。

七彩云南是三国时诸葛亮带蜀军安营扎寨的地方。传说诸葛亮第一次擒拿孟获时天边突然出现七彩祥云，诸葛亮观之以为这是老天暗示：须得七次拿得孟获，才能真正收服此地人心。于是有了这"七擒孟获"的典故，也有了七彩云南的由来。如今武候扎营处也成了七彩云南一景。

还有一种说法：云南，意为"云岭之南"，又称"滇"。相传在远古时候，上苍在中国的西南方向撒下一把热土，形成绵绵群山；倾倒一碗琼浆形成了星罗棋布的湖泊和纵横交错的河流；呵了一口仙气形成七彩云朵。

这里浓缩着云南旖旎壮美的神奇风光和绚丽多姿的民族民俗文化，有碧波粼粼的七彩渔缘、许愿池，有充满神秘色彩的高大雄伟的彝族太阳神柱、太阳广场等旅游景点，有独具云南特色的旅游商品千余种，还有精彩纷呈风情万种的民族歌舞演出。掩映在绿树林中独具民族特色的少数民族建筑，犹如浓墨重彩的山水画，七彩云南是一道美丽的风景。

七彩云南旅游特点不仅在于购物，还在于其浓郁的民族建筑特色，金顶、红瓦白墙的傣族建筑和照壁翘梁辉映的白族建筑，倒映在波光粼粼的七彩云南中，形成了独树一帜的旅游特色，展现绚丽多姿的民族风情和民族民俗文化。

2. 斗南花市

昆明斗南濒临滇池东岸，享有"金斗南"之称。斗南花卉市场，现已发展成为"中国乃至亚洲最大的鲜切花交易市场"，是著名的花都。

云南省 80% 以上的鲜切花和周边省份、周边国家的花卉入场交易。在全国 80 多个大中城市中占据 70% 的市场份额，出口 46 个国家和地区，有"全国 10 枝鲜切花7枝产自云南"之说。多年来借助斗南花卉这一中国驰名商标的品牌效应和市场优势，斗南已成为中国花卉市场的"风向标"和花卉价格的"晴雨表"。

斗南花卉市场连续十几年交易量、交易额、现金量、人流量和出口额居全国第一。每天上万人次入场交易，日现金流量1000万元左右，旺季达2000万元。

2010年2月引进外资投资38.87亿元，将斗南花卉市场升级打造成占地1020亩、总建筑面积81万平方米的斗南国际花卉产业园区。

斗南国际花卉产业园区建成后，可创造6万个就业岗位，实现年交易额100亿元（远期300亿元），承担国家赋予的"带动全国、影响世界"的历史使命。

2004年市场销售花卉种苗、种球8000余万株，鲜切花21亿枝，交易额突破14亿元，占全省交易量的80%，全国的47%，冬季花卉交易更占到75%。市场于1999年被国家林业部列为"全国定点花卉市场"；2000年被国家林业部和中国花卉协会列为"全国重点花卉市场"；2001年被上海大世界基尼斯之最评为"全国最大鲜花交易市场"。2004年斗南花卉市场主体单位昆明斗南花卉有限公司被农业部、国家发展改革委员会、财政部等八部委授予"农业产业化国家重点龙头企业"称号。

市场先后接待了100余位中央领导和邦交国家领导人的考察、参观、指导。它的繁荣带动了花卉相关产业及旅游业的蓬勃发展，每年到斗南花卉市场参观、旅游的外国游客约3万人，国内游客4万余人，散客10万余人，六年共接待游客近100万人次。斗南花卉市场的建成使用，成为我省农业产业结构调整的一个典范，五年来带动我省花卉苗木种植户达10万余户，面积20.8万亩，市场吸纳下岗职工1500余人，农村富余劳力3000余人，市场的繁荣扩大了再就业渠道，带动了花卉相关产业的发展，促进了农村小城镇建设。几年来，市场充分发挥了引导示范和辐射带动作用，对云南乃至我国花卉产业的发展壮大、产业结构的优化和农村经济的发展产生了显著的推动作用。

3. 梁王山生态旅游区

梁王山生态旅游度假区位于昆明市呈贡区东南部，距昆玉公路8公里，马澄公路1.4公里，是昆明至抚仙湖的必经之路，交通极为便利。旅游区恰处在昆明地区旅游热点的中心地（西山、石林、澄江、阳宗海等旅游热点环绕四周），地理位置得天独厚，旅游区位于滇中主峰梁王山腹心，占地12000亩，植被覆盖率60%左右，区内梁王湖（横冲水库）面积1000余亩，总库容1000万立方米，湖水清澈甘甜，无污染。其流域地区有形似蛙状之岛深入库中，与东面伸露出水中形态如龟的岛屿相距不到百米，两岛相映成趣，湖光山色，格外秀丽。西岸为蘑菇山，与水库大坝相连，森林茂密，浓荫蔽日，四季花果飘香，北岸为土林景观，水库四周一万多亩的山林形成一个湖岸曲折、山势起伏多变的优良环境，是一个旅游度假的理想场所。

梁王山素有"滇中第一名山，云南王者之山"的美称，有"一山分四季，四时景不同"之美誉，有"四面不同景，十里不同天"之独特景致，是澄江十景之一。"早观日出晚观霞，俯瞰江湖仰望雾。""春看杜鹃花烂漫，夏日凉风送爽来，秋深红枫铺锦绣，冬雪银妆玉瑶台"和"春采蕨菜夏拾菌，秋摘野果冬拔笋"等民间佳谣，是梁王山的真实写照。

清初赵天官赵士麟七律《罗藏朝云》诗云："地连北斗郁岩侥，晓起惟看旭景饶。一缕寒烟迷谷口，千重白练锁山腰。香灯直到上方见，云霭应从亭午销。华岳名高须让此，遥知神女紫鸾朝。"明代状元翰林院修撰光禄寺少卿杨升庵也作有"国色朝酣酒，天香夜染衣"的名句。此外，梁王山还留下了著名旅行家、地理学家徐霞客的足迹。

梁王山为滇中第一高山，肩负着"一山挑两江和一山跨二县"重任。以山巅为界，西侧属长江水系，东南面属珠江水系，山体飞跨澄江、呈贡两县。山的西面雄伟峻拔、神奇壮丽、壁峭千仞，鬼斧神工，东面群峰簇拥，林木苍天，郁郁葱葱，神秘莫测，令人心向往之。人游其中，寂静清幽，云雾缭绕，使人产生新奇险妙的感觉。来到山头，风荡荡而情动，云飘飘而神飞，天空洁净无染，湛蓝俊秀。"万古钟灵奇，元气寒高厚，何处是陡巅，披襟天左右。"这些诗句写出了梁王山主峰磅礴的气势。登东山而小鲁，登泰山而小天下，登梁王山而小滇中，立于山巅，令人心旷神怡，真有"居高临下，万山来朝"之感。纵山观"四海"，放眼望"三江"，可以让你登一峰而饱览滇池、抚仙湖、星云湖、阳宗海和南盘江、盘龙江、螳螂川秀丽湖光。南有容貌绮丽、气质清娴的抚仙湖和星云湖。西有光滑透亮如横卧巨鲸般的五百里滇池。东北有水如碧玉的高原明珠阳宗海。南有玉溪河，云遮雾挡，忽隐忽现。西南有螳螂川，波光闪闪，静静流淌。东有南盘江，绕如白练，隐入山谷。碧波荡漾的"万亩草场"、如同仙境的"罗藏朝云"、千年一遇的"五彩瀑布"、连绵起伏的十八个绿色"蒙古包"等气势磅礴的风光，显得梁王山格外壮观。每年3～5月间盛开的映山红、杜鹃花，小石岗、吃水不弯腰、一碗水，等等众多优美的风光，把梁王山装点得格外秀美，吸引众多游客流连忘返。苦荞粑粑蘸蜂蜜、高原老腊肉、烤全羊、纯天然的野生菌和山毛野菜，令人馋涎欲滴。1984年，山清水秀、人杰地灵、仅有97人的小村庄菜花坪，同年"一门三进士，全村五登科"的奇迹，让人惊叹不已。同时高山森林气候又在盛夏为游客提供了清新洁净的森林空气及良好的避暑休闲胜地。

4. 捞鱼河湿地公园

捞鱼河湿地位于昆明市环湖东路中和村，是一个经过提升改造、兼顾生态与景观功能的湿地公园。20世纪，由于大规模围湖造田，昆明滇池湿地逐渐变为鱼塘、农田，滇池自净能力不断下降，水质逐渐变差。近年来，随着滇池生态修复工程的不断推进，一条平均宽度约200米、面积约33.3平方公里、区域内植被覆盖超过80%的闭合生态带，形成了一条湖滨生态绿色屏障。其中，捞鱼河湿地公园只是众多湿地公园中的一个。

在湿地公园的入口处可以见到成排的、中国植物界特有的3种活化石之一——水杉。靠近滇池外海，从湿地往滇池望去，蓝天和碧水融合为一体，优美的景色吸引了众多的游客前来游玩。

湿地被称为大自然的肺，湿地是调节人与自然环境之间互相干扰的生态保护和滇池自身净化最重要的区域，也是控制进入滇池污染物的最后一道截污屏障。

来到捞鱼河湿地可以远离城市的喧嚣，观看美丽的花朵，呼吸青草绿地中清新的空气，在蓝天白云下近距离地接触滇池。

捞鱼河湿地公园种植着成片的郁金香，均是从荷兰进口的，分为：维兰迪、检阅、烈焰、王朝、巨大粉、阿夫可、熊鹅、鸡尾酒、紫旗、大王子、世界真爱等11个品种4个不同的颜色。郁金香花期为25天。在这里完全可以体验到"荷兰的芬芳之旅"。

5. 龙潭山昆明人遗址

龙潭山昆明人遗址位于昆明市呈贡县大渔乡邓家村东（现呈贡区大渔街道月角社区东南1.2公里），遗址东西长0.3公里，南北长0.4公里，海拔1941米，由三个洞穴遗址组成。1973年后，考古工作者在这里进行了大规模的考察和发掘，1975年出土一批旧石器、烧骨等文化遗物，1976年出土一个完整的人颅骨化石，尤见珍贵。1977年出土晚期智人的两颗牙齿化石，1978年上述发现被命名为昆明人。后又依次发掘出丰富的古人类化石、旧石器，是滇池地区迄今为止发现最早的旧石器时代人类活动的重要遗址。后经测定，昆明人生活在3万年前，为云南昆明滇池区域最早的穴居原始先民。1983年公布为昆明市级文物保护单位；1987年公布为云南省文物保护单位。

呈贡县大渔乡邓家庄有一处叫作三悬水的地方，这里有一座山叫龙潭山，龙潭山的西麓紧靠重要的交通干道昆洛公路，北距呈贡县城11公里，南距滇池水域2公里。

龙潭山是一座孤山，处于地质构造带断层线上，东西走向，背斜构造明显。沿山体褶皱轴线，潜水活跃，地下有伏流通过，岩溶发育。在不同的地史年代，在此山不同的高度上形成了多层的洞穴、裂隙系统。有的洞穴，很适于古代人类居住、栖息。

1973年4月，有人在龙潭山多处地点发现了大批的哺乳动物化石。1975年2月及1976年9月9日，龙潭山二号洞又发现了一块古人类顶骨化石和一批旧石器，首次揭开了昆明滇池地区旧石器时代考古工作的序幕。1977年4、5两个月，又在第一号洞发现了两枚古人类牙齿化石，云南省博物馆的有关专家学者进行了试掘。1982年和1983年初，云南省有关人员与中国科学院古脊椎动物与古人类研究所的一些专家学者，分别两次对三号洞进行了发掘，出土了一枚形态特殊的早期人类乳齿化石和358件石制品。这当中，有关专家发现并组织挖掘了第三号洞，获得了许多古人类化石。后来通过了多次科学发掘，共出土较完好的人颅骨（附下颌骨）1具，顶骨残片2件，眼眶骨1件，上颌骨1件，下颌骨2件，人牙齿42枚，脊椎骨18块，肩胛骨3件，髋骨5件，肋骨若干，肱骨4根，股骨13根。出土打制石器材料共计3000多件，采集到大批哺乳动物化石。在文化层中发现有很多的炭屑、烧骨和灰烬。还发现了遗址中有保留较完整的火塘。

经科学鉴定，那枚特殊的人牙齿的化石属于早期智人的左下第三乳白齿，与现代人的不同。其长宽尺寸不但大于现代人的平均尺寸，也大于欧洲和近东的尼安德特类型人类的相应测量值，甚至超出北京猿人下第二乳白齿长宽尺寸变异范围的上限。其齿冠咬合面有6个齿尖，没有下前尖。主要沟纹呈丫形，带有早期智人第二乳白齿的一些形态特征。

龙潭山的其他人骨化石属于晚期智人。其中的人颅骨为一老年男性个体。头骨显得完整突出，厚度相对也较大。颅骨圆隆，顶视呈椭圆形。最大长度，长于现代人，接近柳江人；最大宽度，短于现代人。它的头高，显得低矮，属一种原始的性状，额部宽斜，眉弓发达，眼眶宽长，面部宽平。这些特征，表明他比现代人原始，上颌骨颧骨下缘起点位置低，也属于一种原始特征。眶下缘向内下倾斜，显示出智人的特征。他的上颌骨较纤细，与南京汤山人的相似。他的额骨宽度最小，鼻高、鼻宽、眶宽及上颌齿槽突长指数接近于山顶洞人，他的枕骨内、外隆突在同一平面上，表现为现代人的特征。脑膜中动脉亦为现代类型。面型低矮、宽扁，也属于现代人特征。由于面部低矮而扁，具有突腭和铲状门齿等特征，龙潭山的晚期智人无疑也属于蒙古人种。他的眉脊发育，下颌角接近于直角，牙齿较大，表明属于男性个体。而冠状缝、矢状缝全部愈合，牙齿磨损严重，根据牙齿磨损的程度，应为60岁左右的老年人。属此头骨的下颌骨咬肌附着处肌嵴发达。下颌角外翻。左侧关节突出的内侧骨质增生，形成较大的钩状构造。右下颌角内侧也有骨质增生现象，形成了骨质瘤。这具头骨最吸引人类学家注意的是他显示出来的病理变异，如颅骨在主状切面上扭曲不对称，下颌关节内的骨质增生，没有印加骨等。此外，尤其值得一提的是：龙潭山晚期智人的臼齿化石咬合面上主要沟纹呈十字形，这与早期智人的有着明显区别。

在龙潭山人化石中，有一件左眶上骨为幼年个体，属低方眶形。一件左顶骨为青年个体。上颌骨为中年女性个体。两件下颌骨分别属于男、女性个体。头后骨骼中，股骨较现代人的细，其髓腔径与骨干径之比值较直立人的大，比现代人的小。特别有意义的是，一件股骨头上面病理现象明显，其殿肌粗隆自上而下错落排列有 5 个骨瘤。另外，在第三号洞的堆积层中，还发现了一具残缺人化石骨架边放置有鹿角之类，属于一种原始的埋葬现象，很值得注意。我国仅在北京周口店山顶洞人遗址中发现过这种原始人的墓葬，迄今为止，龙潭山出土的全部人骨化石代表着晚期智人至少有十个个体，表示龙潭山早就有原始人群依洞而居，繁衍生息。

龙潭山智人的生存年代为地史时期的晚更新世。1982 年，北京大学考古系碳14 实验室用采自龙潭山第二号洞遗址第 4 层的炭屑和烧骨，测定该文化层年代距今 30500 ± 800 年。1984 年，这个实验室又对地层出土的炭屑及哺乳动物牙齿采用热释光法及碳 14 法测定，第三号洞遗址文化层年代距今 18 万年，中部距今 2.1 万年，下部距今 2.9 万年。2002 年，南京师范大学地理科学海岸与第四纪研究所的沈冠军教授采用铀系法，对采自龙潭山第二洞第 2 层的新生碳酸岩进行铀系测年，此地层距今 1.99 万年。因为这些洞穴均未发掘见底，倘若继续发掘，在龙潭山很有可能发现更为古老的人类遗存。

龙潭山的旧石器以砾石为原材料。石质包括有燧石、砂石、石英石、水晶、碧玉、玛瑙、蛋白石、火成岩等。以燧石为主。依据功能和形态可以将龙潭山的石器分为两类。第一类石器为石锤。第二类石器的加工主要采用石锤向背面修理出刃口。还有用指垫法作间接修理的。石器器形包括用大量石片制成的砍砸器、刮削器、尖状器及雕刻器。其中，砍砸器 42 件，一般采用单面陡向加工，打制粗糙，刃口较钝，有修理把手现象。龙潭山出土的刮削器在全部石器中所占的数量不小，具有一定的代表性，反映了该遗址古人制造石器的技术和水平。可以认为，龙潭山的石制工具，"或多或少地带有欧洲莫斯科相同类石器的风格"。其修整技术，是相当熟练和高水平的。在龙潭山石器中，砍砸器也占有一定的比例，这一特点与华北同期重要地点的石工具组则全然不同。

除石器外，龙潭山还出土了一些骨器和角器。骨匕、骨锥和骨铲均由管状骨腔内向腔外砸，然后再在一端加工出刃来。角器采用带有角环及角柄的鹿角制作。可能是先将眉枝斩断，然后多次用石头砍剁，将上枝砸裂，再把其角部加工成刃，留下角环便于手握。

在龙潭山下部角砾层和厚大盖板层中出土中国犀牛、云南马、貘类、鹿类化石，表明在这里存在着相当于元谋猿人时代的古老哺乳动物群。而与龙潭山晚期共存的哺乳动物化石群有中国犀牛、中国巨貘、野猪、柯氏熊、野兔、水牛、鹿类、麂、豪猪、竹鼠、云豹、蝙蝠、黑鼠、鼩鼱等。这些动物，均属我国南方更新世大熊猫—剑齿象动物群。在这个动物群中，中国犀牛属灭绝性动物，其他均为现生物种。当时中国犀牛、中国巨貘的存在，表明龙潭山晚期智人生存时期滇池地区气候湿热，植被繁茂，特别适宜喜暖动物的生存。

龙潭山文化广泛分布于云南的滇池沿岸和南盘江流域，近可与四川的铜梁文化攀亲，远可以与山西襄汾的丁村文化道故。总而言之，龙潭山古人类遗址的发现，对探讨现代人类的起源，对于第四纪地层的对比与划分，对于研究滇池地区的古地理、古气候和古环境都有着重大的科学意义。

龙潭山发现古人类及其大量文化遗物，将滇池地区人类生存活动的历史提前到了3万多年前，为此，1983年3月28日，昆明人民政府将龙潭山古人类遗址公布为市级文物保护单位。1987年12月21日，云南省人民政府将其遗址公布为省级文物保护单位。我国许多专业文献已将昆明呈贡龙潭山的重要发现载入史册。

6. 柳林沙滩

滇池东岸的呈贡区，是富庶的鱼米乡。出斗南向西，在临湖采龙村一带，濒临滇池湖岸，有绵亘5千米长细腻平缓的沙滩，湖水明净微波，一带宽阔碧绿的柳树林，由南向北形成沙滩东面屏障。湖水倒映绿柳，秀丽妩媚。隔湖遥望西山群峰，宛似仰卧的碧波仙子。这万顷晴沙的柳林，称得上是滇池最美最大的浴场。

7. 昆明乡村高尔夫俱乐部

昆明乡村高尔夫俱乐部是由昆明市外商投资审批办批准成立的中外合作企业，于1995年5月动工，兴建18洞72杆的国际标准高尔夫球场及附属会所、网球场、游泳池等一系列配套设施。由澳大利亚著名高尔夫球场规划设计师Les Watts依地形特征和自然风光设计建造。

球场内湖泊环绕，水塘密布，河流湍急，大片的鲜花四季盛开，飘逸起伏的球道或直冲向上，或跌宕而下，落差最大处可达60余米。前九洞球道逼仄曲折，充满幻觉和威慑；后九洞球道广阔遥长，形左而实右，举目一望，草天相接，令人感叹力不能及！雪白柔软的沙坑充满飘摇飞动之感，往往出乎意料地俘获住你的球，而看似温柔亲切的茵茵果岭，平滑如镜，实际却暗藏杀机，以微妙难察的变化，令掉以轻心者扼腕，失之毫厘，谬以千里！

球场根据昆明当地气候及土壤环境，球道草采用国际优质草种天堂419，果岭采用国际优质草种 Putte 草，四季如茵、耐残踏、色感好、草坪质量高，具备国际先进水平。

（七）文化遗产

呈贡花灯之乡、呈贡菱角编制、呈贡剪纸被命名为省级保护项目，板凳龙舞之乡、小独龙舞之乡、棒鼓舞（秧佬鼓）之乡、滇戏之乡、板凳龙的传说、梁王的传说、音乐大河涨水沙浪沙、呈贡豌豆粉、戏剧山歌剧、瓦猫等10项被命名为市级保护项目；2008年呈贡县被命名为中国民间艺术花灯之乡和中国农民画之乡；李永福、郑其宽、袁狱兰等先后被云南省文化厅命名为民间美术艺人、美术师、高级美术师和音乐师；庞刚、高汝情、万树青等10人被立为昆明市非物质文化遗产传承人。

昆明市非物质文化遗产。昆明，享"春城"之美誉，云南省省会，中国面向东南亚、南亚开放的门户城市，国家历史文化名城。是中国重要的旅游、商贸城市，西部地区重要的中心城市之一。昆明历史悠久，文化灿烂，是国务院公布的首批24个国家历史文化名城之一，拥有2200多年的建城史，滇池地区拥有3000年的文明史。约3万年前，即有人类生活在滇池地区。数万年前昆明人的祖先就已在这一带过着茹毛饮血、穴居野处的原始生活。约四千至七千年前，滇池一带已有了定居的农业民族，从事刀耕火种的原始农业和狩猎、饲养畜禽等多种经营活动，并已能纺纱、织布。滇池地区和稻谷种植至今至少已约有数千年的历史。作为国家历史文化名城，昆明的非物质文化遗产自然不胜枚举，本节主要介绍了昆明市部分非物质文化遗产的产生、发展及特点。

1. 国家级保护项目（4项）：

（1）滇剧

滇剧是云南省的地方戏曲剧种之一。丝弦（源于较早的秦腔）、襄阳（源于汉调襄河派）、胡琴（源于徽调）等声腔于明末至清乾隆年间先后传入云南而逐渐发展形成的，流行于云南九十多个县市的广大地区和四川、贵州的部分地区。

2008年6月7日，云南省滇剧院、玉溪市滇剧团、昆明市联合申报的"滇剧"经国务院批准列入第二批国家级非物质文化遗产名录。遗产序号：733 Ⅳ –132。

滇剧是戏曲剧种。滇剧包括丝弦、襄阳、胡琴等3种声腔和部分。杂调于明末至清乾隆年间先后传入云南而逐渐发展形成的，逐渐吸收当地民间艺术，形成具有自己特色的地方戏曲剧种。滇剧的丝弦、胡琴、襄阳三大声腔和一些杂调，都来源于省外传人的戏曲声腔：丝弦源于秦腔，胡琴源于由腔演变成的徽调，襄阳源于楚调（辛亥革命后改称汉剧），三种声腔，传入云南后，结合云南的方言语音和风土人情、民间音乐，变化形成了滇剧的三大声腔。此外，滇剧的昆头子、昆倒板之类，同昆腔有关，而平板、架桥、人参调、安庆调等，则同吹腔（又名石牌腔）有渊源关系。这些声腔在云南戏剧舞台上融汇就形成了滇剧。

滇剧的发展，已经历了清代、辛亥革命时期、民国时期和中华人民共和国成立以后几个阶段。清代，是滇剧孕育、形成发展到逐步兴盛的时期，继前边提到的3个滇剧班子之后，又出现了泰洪、庆寿、福升等戏班，曲靖地区也出现了玉林班。到了光绪年间，滇剧已经比较兴盛。不仅有了职业戏班，农村中的一些业余滇戏班子也纷纷成立。辛亥革命时期，滇剧逐步建立了戏园，蒙自、个旧、东川等地也先后出现了戏园。辛亥革命后，业余滇剧艺人梁星周、叶少庄等搜集了200多出小戏，印刷经销，流传较广。民国时期，滇剧由兴盛逐步走向衰落。特别到了抗日战争期间，反动军官杨据之对艺人抓、打、关、骂，进行人身侮辱，许多艺人被迫流离失所，逃奔外乡。杨据之还搞来一些青年，成立科班，大肆演出宣扬封建迷信的剧目。由于反动派的摧残，到了中华人民共和国成立前夕，滇剧已濒临绝境。

据云南省戏剧家协会介绍，中华人民共和国建立以后，经过"改人、改戏、改制"的三改活动，省和许多地、州、市、县都建立了国营滇剧团。1950年，省里成立了实验滇剧团，1953年改为省滇剧团，1960年建立了省滇剧院。在这段时期，很多优秀的文科大学毕业生也被分配到了滇剧团，记录、整理了一批又一批传统剧目，剧团和省文艺学校先后招收和培养了数百名滇剧演员及编导、音乐、舞美人才，大大充实了滇剧的新生力量。

滇剧获得了新生和迅速发展。任何事物都有兴盛和衰败，到了20世纪80年代末，大家的生活水平有了很大提高，精神方面有了不同的需求，滇剧在各种文化的冲击下也有了衰败的迹象。虽然滇剧具有很高的艺术形态，讲究"四功五法、唱念做打"，具有"雅俗共赏、古今同趣"的乐趣，但滇剧在一定程度上需要"解码"，一个完全不懂古老剧种文化的人，刚接触时会有摸不着头脑的感觉，新生一代难免会被更易于接受、更有娱乐性的东西吸引。90年代后提出了精神文明重建设，文化如水、润物无声，古老剧种需要保护，"文华奖""梅花奖"等各种奖项的设立保护了滇剧的发展。这次举办的滇剧花灯艺术周也促进了滇剧花灯等地方艺术的振兴。

（2）彝族撒尼刺绣

彝族撒尼刺绣是一门具有极强装饰性的传统刺绣美术工艺，流传于石林彝族自治县彝族支系撒尼人的主要聚居区，其中以挑花为主要刺绣工艺。

撒尼挑花又叫撒尼十字绣，起源于唐宋时期，成熟于明、清时期。长期以来，经过一代代撒尼妇女的精挑细绣，这门工艺日臻完善，以明快的色彩搭配、精美的图案构思、巧妙的图案组合、浓郁的地方民族特色，凸显出独特的艺术表现力。

主要花样有三弦花、八角花、八瓣花、太阳花、羊角花、蝴蝶花、四瓣花、八瓣花、狗齿纹、火焰纹、跳脚纹、石榴纹、青蛙纹、树纹、蕨草纹以及一些简单的菱形、三角形、条纹等图案。一类是以平绣为主的、较为细腻柔和的写实性花卉图案，多取材于现实生活环境中的花草纹样，如山茶花、杜鹃花、石榴花、荷花等。另一类以镂空贴花（又叫抠花）为主，构图粗犷、抽象，花样有云纹和波浪纹等。

彝族撒尼刺绣是撒尼人在漫长历史进程中沉积下来的特殊工艺文化，凝结着撒尼人对民族文化、生活价值观念、宗教信仰和对世界的认识；其图案花样搭配丰富，色彩对比强烈，是彝族撒尼人对大自然审美价值的直观反映。

2008年彝族撒尼刺绣被列入第二批国家级非物质文化遗产保护名录。

（3）彝族大三弦舞

彝族三弦舞是历代彝族人民代代相传的一种民间舞蹈，流传盛行于石林彝族自治县撒尼人聚居区。不同的地区或不同的彝族支系对其有不同的称法。流传于撒尼彝区的三弦舞称"撒尼大三弦"，流传于阿细彝区的三弦舞称"阿细跳月"。彝族三弦舞又分"大三弦舞"和"小三弦舞"两种。年轻人跳舞时用的是大三弦，所以叫"大三弦舞"。中老年人跳舞时用的三弦较小，因而称"小三弦舞"。相比较而言，"小三弦舞"的音乐、舞蹈节奏缓慢，所以又称"慢三步乐"。三弦舞是一种男女群体性的舞蹈，但跳舞时只有男子使用"三弦"，女子只是踏着节奏伴舞。彝族三弦舞被有关学者誉为远古舞蹈的"活化石"，对研究舞蹈的起源与发展有较高的认识价值；对增强群体意识、民族团结有积极作用；对营造欢乐、热烈气氛有良好效果。20世纪六十年代，到莫斯科参加世界青年联欢活动的撒尼青年在联欢会上表演的彝族三弦舞轰动了整个联欢会。近20年来许多国外游客到石林旅游时观赏过大三弦舞蹈，因而在国际上有一定的知名度。

2008年彝族大三弦舞被列入第二批国家级非物质文化遗产保护名录。

（4）口述文学《阿诗玛》

"有一个绿树长青的地方阿着底，阿着底的长湖水清澈美丽。养育出千万个勤劳善良的撒尼人，造化出美若天仙的阿诗玛。阿诗玛的眼睛像星星一样明亮，阿诗玛的笑脸像鲜花一样灿烂……"

口述文学《阿诗玛》是一部古老的、被彝族撒尼人民口耳相传至今的叙事长诗，主要流传于昆明石林彝族撒尼人聚居区，分为南北两个流派，传唱方式与故事内容大同小异。

整部原诗使用彝族撒尼人的口传诗体语言和叙事曲调传唱，曲调分别有喜调、老人调、悲调、哭调、骂调几种。长诗主要讲述美丽聪慧的撒尼姑娘阿诗玛从小勤劳善良，深得父母邻里喜爱，她虽然贫穷却不为富贵所动，在神权霸强面前不低头，因反抗财主逼婚而被恶神点化为石的悲情故事。

十九世纪末，法国学者保禄、维亚尔进入云南石林地区，将撒尼《阿诗玛》译成法文在国外出版。到了二十世纪五六十年代，彝族撒尼叙事长诗《阿诗玛》相继在地方文艺杂志和《云南日报》分段连载后，在中国文坛引起轰动，并由上海海燕电影制片厂改编后拍摄成彩色故事片在国内外上映。随后《阿诗玛》文学及文艺作品纷纷出世，云南歌剧院根据《阿诗玛》传说故事改编的民族舞剧在国内外公演，其独特优美的音乐意境和富有撒尼风情的民族舞蹈博得外国观众的好评，被誉为中华民族二十世纪舞蹈经典。

彝族撒尼叙事长诗《阿诗玛》先后被译成英、法、德、西班牙、俄、日、韩等多国文字出版，在世界文化学术界引起反响和关注。

2006年彝族撒尼叙事长诗《阿诗玛》，被列入第一批国家级非物质文化遗产保护名录。

2. 列入省级保护名录（15项）：

（1）昆明花灯

昆明花灯流传于昆明城郊的东庄、大树营、小坝、小菜园、大厂村、小厂村、岔街等地及官渡区、西山区、呈贡区、晋宁区、安宁区和宜良县。

昆明花灯早期的演出，与会火（社火）结合，于春节、元宵期间活动，由灯会（灯班）组织。演出前要举行"迎灯神"，仪式，并由管事向各处投送灯帖。演出队伍由写有"太平花灯"的灯和"风调雨顺""国泰民安"字样的各形彩灯领队，依次是过山号和文武乐队、狮灯龙队、武术杂耍队、高跷、旱船、跑驴、秧佬鼓、霸王鞭及彩妆的剧中人物或扮成"鹬蚌相争""大头宝宝戏柳翠"等故事沿途表演，并向接了灯帖的人家祝贺，此种演出形式亦称"贺灯"，由于边走边演，群众称之为"过街灯"。

清道光年间，昆明地区已有花灯小戏的演出。有的用《打枣竿》《金纽丝》《倒板浆》等清明小曲演出《乡城亲家》《瞎子观灯》《打渔》《朱买臣休妻》等剧目。由于演出内容的不断丰富，演出形式亦发展为"择广场演唱，以资群众围观"由于形同簸箕，被称为"簸箕灯"。

清光绪时，农村各地灯会、灯班、灯棚等业余花灯演唱组织先后建立，有的灯会，不仅在春节期间演出，还被邀去邻近村寨演出或教戏，出现了罗四先生、李本忠、樊永寿等教灯师傅和唱功先生，使昆明花灯进一步普及，形成"每岁春正月，各村迎请后稷田祖设坛致祭，演龙灯、花灯，鼓吹笙箫，弦歌遍野"。1924年，昆明明家地灯班，曾被邀至五华山为唐继尧就任云南总督演出，这是昆明花灯进入省城演出的开端。

民国初年，岔街东岳庙组成一个花灯班，在金碧游艺园（昆华医院）露天剧场演出。1938年，王旦东与花灯艺人熊介臣、董义等结合组成了第一个花灯演出专业团队——农民救亡灯剧团。创作演出了《张小二从军》《新四郎探母》《汉奸报》《茶山杀敌》等宣传抗日的现代戏。除了在昆明演出外，还到滇西、滇南40多个大小县城演出，历时一年多，终因国民政府及社会封建士绅的刁难阻挠，被迫解散。花灯演出再次恢复完全业余状态，花灯艺人仍回到农村或茶馆进行季节性演出或清唱。

1946年后，昆明市区的花灯艺人曾先后在"庆云""华丰""昆明""太华春""聚盛""太和"等彩排茶室，进行过营业性演出。为维持营业，增加演出剧目，移植了一些"善书"唱本和滇剧剧目如《四下河南》《白扇记》《蟒蛇记》《槐荫记》《金铃记》《秦香莲》等；并吸收滇剧艺人参演，演唱中带入了部分滇剧声腔，被称为"灯夹戏"。"灯夹戏"的演出，对花灯的表演、声腔、服装、伴奏等方面的戏剧化起了促进作用。同时，昆明部分大、中专学生编演了不少配合"反饥饿、反内战、反专制、争民主"斗争的花灯演唱和花灯剧，如云南大学花灯组演出的《戏迎新太阳》《红军哥哥回来了》《姑嫂拖枪》；师范学院花灯队演出的《一朵红花》《血海深仇》；文联（地下）花灯队演出的《城隍偷鸡》《偷瓜记》等。1949年，庆云街建立全省第一个专唱花灯的庆云剧场，一些专业花灯班在场里唱花灯。这些班子时聚时散，由少数艺人承头组织，没有专门的班子名称。在剧场里唱得比较长，对盘龙区花灯活动影响比较大的是熊介臣组织的花灯班。他们从滇剧移植来许多剧目，如《四下河南》《狸猫换太子》等。长春路东段又建了一个唱花灯的茶室，马云顺组织的花灯班在茶室里演唱，对盘龙区花灯活动也有一定影响。

中华人民共和国成立后，政府把流散昆明的花灯艺人组织起来，1950年成立昆明花灯工作者联谊会。1951年初，在"联谊会"的基础上，正式建立了集体所有制性质的民间职业剧团——昆明人民灯剧团。团址设在文庙，建团后招收了第一批女青年学员，结束了花灯一直以男演女的历史。在新文艺工作者的参与下，先后整理、改编了一批传统花灯歌舞和小戏如《十大姐》《大茶山》《三访亲》等。《三访亲》在文庙第一剧场上演连续80多场满座，轰动一时。1958年7月，昆明市属第一个国营花灯专业表演团体——昆明市花灯剧团成立。多年来，由于政府的重视，省市专业剧团的先后建立，昆明地区的花灯艺术得到了稳定的发展，成为城乡群众喜闻乐见的艺术形式；并出现了许多受群众欢迎的演员，袁留安、王玉霞演唱的花灯，成为电台经常播出的保留节目，并录制成磁带广泛发行；袁留安的唱腔还被中国戏曲研究院制成盒式磁带，编入了《中国艺术家唱腔选》。

（2）乌铜走银工艺

乌铜走银是一种独特的金属手工工艺。它以红铜、银等为原料，经过冶炼和特殊的化学处理，把铜根据所需造型打制成各种形状的铜片，刻上阴纹，在阴纹上走镀银钱形成装饰图案后，焊接成所做物件的形状，经过打磨抛光，使物件铜的部分在手焐的情况下变为乌黑色，与银线黑白相间形成银色纹样，呈现出独特雅致的图案，在过去深受富裕人家和文人墨客的喜爱。

乌铜走银工艺可制作的器物很多，如文房四宝、香炉、如意、手炉、酒具、烟具、茶壶、花瓶、首饰、首饰盒、长命锁等。

晋宁区晋城镇天城门的袁万礼早年师从昆明岳氏乌铜走银制作传人，其子袁昆林兄弟继承父业成为目前为数不多的、擅长此项工艺制作的后继传承人。以袁家为代表的乌铜走银制作人，主要以家庭作坊生产制作为主。缘于乌铜走银选料特殊，制作精细，费工费时，生产规模较小等因素，此项工艺已濒临危境。

2006年，经云南省人民政府批准，被列入第一批云南省非物质文化遗产保护名录。

（3）糯黑彝族传统文化保护区

昆明石林东部的糯黑村建于1398年，迄今已有610年历史，为典型的彝族撒尼人聚居村寨。原属陆凉州（今陆良）落温所，是古驿道的必经之路，现存的石板房和石板路是喀斯特地区以石材、石料、原石为材料建筑的少数民族代表性民居村寨。公元1816年至1949年，在军阀混战不断、盗匪横行猖狂的情况下，为保村安宁，寨民们就地取材，以石头修筑石墙、石房，并植藤刺棚于墙上以抵御炮火。由于历史、民俗和生存关系，独特的石头建筑样式在糯黑延续下来，成为撒尼建筑艺术与生态环境和谐相融的自然村寨。

石林糯黑彝族传统村自然环境优美，历史文化悠久，少数民族文化积淀深厚，文字、口述文学、民居建筑、刺绣工艺、少数民族习俗各具特色。

2006年，经云南省人民政府批准，被列入云南省第一批非物质文化遗产保护名录。

（4）晋城镇圣贤画

滇池地区是多元文化融合的区域，晋城镇圣贤画承载了多元宗教文化元素。有着2000多年历史，对当地社会的精神、道德、礼仪等方面有着重要影响。

晋城镇圣贤画是家庭祭拜的神灵牌位中的一种，主要分布于晋宁及周边地区。

圣贤画在晋城古镇尤为盛行，常见于普通人家的厅堂和厨房。圣贤画是绘画形式的神灵牌位，一般悬挂于家坛，用于膜拜、寄托心灵和精神安慰。圣贤画像的神仙组合没有固定模式，可根据需要创造，主要有三轴一堂、两轴一堂、一轴一堂、大案等几种样式和规格，其表现内容主要有关公、龙王、文昌、帝君、天地水火、风云雷电、田公地母、灶君土地、观音、财神、牛王马祖、各行祖师、圣人贤士等，并根据轴数不同和内容有不同来组合。其绘工精细，墨色清淡，色彩朴素，结构饱满，画面内容主次布局有序，结构严谨，内容丰富，折射出浓厚的生活气息，为民间百姓重要的精神寄托，具有丰富的民间艺术色彩。

2009年，经云南省人民政府批准，晋宁区晋城镇圣贤画被列入云南省第二批非物质文化遗产名录。

（5）口述文学《昭蒡俭与高帕施》

寻甸县的苗族居住在寻甸境内已有一百多年的历史。他们自称"阿卯"，也称"大花苗"，是西部苗族中迁徙路线最长的一支，故而蕴藏和保存苗族方言口述文学也最为丰富。

苗族口述文学《昭蒡俭和高帕施》是苗族人民广为传唱的古老叙事长诗中的一首。这部长诗是苗族人民反抗和战胜封建统治、阶级压迫的精神意志和斗争愿望的体现。是苗族人民社会历史背景、生活和风俗习惯的一部百科全书，是研究西部苗族文化不可缺少的经典作品。通过陆兴凤的翻译和出版，引起了国内外苗胞和研究者的关注。

《昭蒡俭和高帕施》是二十世纪五六十年代云南苗族民间文学优秀杰出的代表作品。

2006年，经云南省人民政府批准，列入云南省省级非物质文化保护名录。

（6）晋宁县双河彝族秧佬鼓舞乡

双河彝族乡位于晋宁县境内西南部，距县城30公里，东接宝峰镇，南邻玉溪市，西与夕阳乡和安宁市接壤，北和二街乡及安宁市交界，总面积152.03平方公里，辖双河、荒川、干河、田坝、老江河、核桃园6个村民委员会，27个自然村。2000年末，全乡有2505户9172人，其中彝族7138人，占总人口的75.85%。

双河的彝族根据《昆阳县志》记载，早先由昆明拓东城迁来，分白彝和黑彝两种。宗教信仰为原始图腾崇拜、祖先崇拜、多神崇拜，而祖先崇拜在各种崇拜中居重要的中心地位。民间舞蹈有：跳鼓祭神、跳鼓、跳乐等。

勤劳智慧的双河乡彝族人民，在长期的生产、生活实践中创造了丰富多彩的民族民间鼓舞——秧佬鼓，表达了他们对美好生活的追求和别具一格的民族舞创造力。

秧佬鼓，又称花鼓，自汉代起流传至今，约 1000 多年，在双河彝族乡的 27个自然村中，每村多则 3-4 支鼓队，少则有 1-2 支，全乡共有鼓队 102 支，共计816 人。在众多的秧佬鼓代表队中，双河彝族乡秧佬鼓队最具代表性，以双河为中心点，向四周辐射到整个滇中地区，会跳鼓的人越来越多，呈现出一片欣欣向荣的繁荣景象。

云南省第九届民族运动会开幕式第二场《秧鼓催春》的表演，双河乡秧佬鼓队以四百人的表演阵容出现在观众面前，鼓声震天，使人振奋，获得了较高赞誉，被誉为"云贵高原的威风锣鼓"。

2001 年 6 月，由县文化馆舞蹈编导编排的威风"秧佬鼓"队一行 50 人进京参加"山花杯"居庸关中华鼓舞大赛，获得了金奖；2002 年双河乡秧佬鼓队参加了昆明市第七届农运会传统体育项目的比赛，获得第一名；2004 年 5 月参加首届昆明国际鼓舞大赛，获三等奖；2005 年 4 月，双河乡秧佬鼓队再次代表晋宁县参加中国昆明第二届国际民族民间鼓舞大赛获得了一等奖。

双河乡秧佬鼓队以其浓厚的民族特色和别具震撼力的表演，被誉为"云南的威风秧佬鼓""金牌秧佬鼓"。

2006 年，经云南省人民政府批准，被列入云南省第一批非物质文化遗产保护名录。

（7）云南斑铜

云南斑铜是云南独有的金属制品工艺，据考始于明代，距今已有 300 多年历史。据传最先为东川、会泽一带，将生斑自然铜锻打成器皿初坯后售至昆明，昆明铜匠再加工制成成品。

云南斑铜工艺制作复杂，一件成品需经过选料、除杂质、出毛料和初劈、出壳子、升起来、勒口、成形、打磨、烧斑、闹斑、煮斑、露斑、护漆等多道工序才能完成。斑铜制品分为两大类，一类是自然铜打制的生斑工艺制品；另一类是用成品铜铸造的熟斑斑铜制品。生斑制品是工匠采用特殊工艺，使铜内所含的其他少量金属呈现出来的，光斑所特有的立方体感，晶斑锃亮璀璨，金赤交辉，因此获得"金属宝石"的美称。熟斑制品重量重，光泽度不如生斑。但无论"生斑"还是"熟斑"都以其精美的造型、精湛的技艺令人赞叹。斑铜工艺品器形包括人物、动物、花卉、瓶罐、炉尊、壁饰、器皿等六大类，造型取材于历史名人、飞禽走兽、珍禽异兽等，具有代表性的虎牛铜案、古代酒爵，造型古色古香。

斑铜工艺吸取云南青铜和中原青铜文化的艺术营养，结合现代雕塑手法和先进工艺，使其达到文化与艺术的完美统一，曾荣获国家级优质产品，省、市级优质产品称号；其"牛虎案""孔雀瓶"多次在国际上获奖并定为同外国元首馈赠的国家级礼品，孔雀瓶、仿古牛等被国家定为永久珍品收藏。

斑铜器品可谓"妙在有斑，贵在浑厚"。

2006 年，经云南省人民政府批准，被列入云南省第一批非物质文化遗产保护名录。

（8）禄劝彝族苗族自治县花毡印染

禄劝羊毛花毡印染工艺历史悠久，工艺独特，属全手工制作之上品。禄劝花毡印染源于皎西乡长麦地村委会戴家村，其制作材料是羊毛毡子，植物和化学染料混合物、麦面、五支自制画笔、铝锅和水。制作方法是把毡子清洗晾干，用麦面和染料配出最少五种颜色，用画笔在毡子上画图案。画前要准备五支画笔，每种颜色只能用一支笔。画好后染色，再用清水洗后晾干即可。禄劝花毡印染制作讲究火候和技巧，在染料加工和作画需严谨小心，如煮染料时水温和时间都要掌握得恰到好处，火力不足或过火都会影响花毡的成品质量。花毡图案大小按毡子尺寸而定，挥舞画笔一挥而就，图案自然天成，美观实用。

2009 年，经云南省人民政府批准，被列入云南省第二批非物质文化遗产保护名录。

（9）石林镇月湖彝族传统文化保护区

月湖村隶属石林彝族自治县石林镇，百株古树郁郁葱葱，撒尼民居绿荫掩映，人与自然和谐相处，是石林县著名的自然景观之一。

月湖村毕摩文化保持完好，至今保留着丰富多样的彝族原始宗教和各种形式的祭祀活动。村民们信仰原始宗教，人人崇敬自然、崇敬祖先、崇敬神灵，他们所崇尚的万物有灵的观念，从客观上起到了保护自然生态，保护传统文化的积极作用。因多数宗教祭祀活动都在树林里举行的缘故，几乎所有祭祀活动都与森林保护紧密联系，其中密枝林里的密枝节（在树林里举行古老的男性生殖崇拜活动）可见一斑。月湖村民居属传统的红土墙、木结构和瓦顶，房前屋后古树苍翠。每年秋收季节，为风干粮食，树上挂满金色的玉米和红色的辣椒，形成一道独特靓丽的风景。月湖村村民普遍穿着彝族撒尼服饰，中、老年妇女人人都能纺麻织布，年轻姑娘个个是刺绣能手，撒尼绣品件件精美绝伦。

月湖村自然生态与文化生态共存，山野祭祀和水乡文化共荣，构成一个自然的月湖撒尼传统文化保护村寨。

2009 年，经云南省人民政府批准，被列入云南省第二批非物质文化遗产保护名录。

（10）昆明洞经音乐

昆明洞经音乐流传于昆明城区及周边地区，俗称为谈演洞经，因其主要谈演道教经典《大洞仙经》而得名。相传昆明洞经从大理传入，最早的文字记载见于官渡《文明会大洞经坛碑记》。它用唱、念、诵、讲、读、说等方式表达经文教义，在此传达过程中又以科仪（仪式）为载体。科仪由各种繁杂的小科目组成，进行中以器乐伴奏。

昆明洞经会所谈经文有10部，最常见的是洞经、皇经和雷经。洞经的科仪分为礼请、谈经、庆诞、送圣等。每个主项中含若干小项。洞经会每年都要举办若干盛大的谈经活动，常见者有文昌会、上九会、孔子会、关圣会等。至民国年间，昆明已有桂香学、保庶学、崇仁学、崇文学、宏文学、同仁学、文明会等10个洞经学会。

昆明洞经音乐由经腔、曲牌、打击乐组成。经腔有四言、五言、七言、长短句、骈文等词体，伴奏形式分为大乐、细乐和雅乐三种。曲牌主要用于各种仪式或穿插于仪式中的礼仪项目的伴奏，因乐器不同分为大乐曲牌和细乐曲牌，前者以唢呐为主奏乐器，后者以笛子为主奏乐器。乐器分为文乐和武乐，分别指管弦乐器和打击乐器。曲牌中有唐宋词牌如浪淘沙、汉东山等，有道家音乐如上清宫、天公颂等，有宫廷音乐如南清宫、普天乐等，有江南丝竹如忆江南、叠落泉等，还有欢快活泼的民间小调如忆江陵、瑞雪飞等。目前已收集整理经腔、曲牌、打击乐等曲调132首，文字记录20余万字。

昆明洞经曾一度消落，20世纪90年代在昆明市区的真庆观内恢复演奏。

2006年，经云南省人民政府批准，列入云南省省级非物质文化保护名录。

（11）石林彝族自治县长湖镇阿着底民族民间刺绣之乡

阿着底位于石林彝族自治县东南部，省道昆泸公路经阿着底边而过，交通十分便利。距离县城11公里。阿着底村是昆明市人民政府命名的生态民族村和民族团结示范村，也是石林县首批推出的对外开放"彝家乐"生态旅游村。

据史料记载，阿着底村有史以来的居民都是撒尼人，辖区内的人名、山名、地名和村名都使用撒尼语。阿着底村原来叫"干塘子村"，村名在撒尼语中发音为"阿着底"，意为青山怀抱的美丽的地方。这个名字与撒尼民间叙事长诗《阿诗玛》所唱的"阿着底是个好地方，高高的青松树长满了山冈"，中的"阿着底"地名不谋而合，因此，干塘子村后来改称为"阿着底村"。

阿着底村撒尼人的刺绣图案，并非凭空想出，而是源于生活。独具特色的山川地貌、风物特产，生活中常见的花鸟鱼虫、飞禽走兽，经过她们的摹拟、提炼、概括，精心构思，巧妙布局，成为变化多端、鲜艳夺目的图案。美雨花、太阳花、八角花等等与花朵相关的图案代表了撒尼人爱美的心理及祈福意味。那些小小的、生机勃勃的虎则是撒尼人的图腾标志。

在保留和继承彝族传统刺绣的基础上，手艺人不断开发新的彝族民间图案。阿着底的刺绣工艺流程，主要是确定图案后，把样品交给村里和村外的刺绣好手为依照，手工绣出一块块花样零件，再由刺绣厂加工成挎包、包头、服装、鞋面、桌布、床单、伞套、沙发巾、领带等各式各样的成品。以"刺绣协会＋厂家＋农户"的形式，进行规模化生产。她们所绣的挎包、围腰、被单、背心、钱包、沙发巾桌布、壁挂、包头、服装、服饰等已成为旅游商品。阿着底村已成立了"石林阿着底民族刺绣产品开发技术协会"，有会员 2000 余人，固定职工 20 余人。

主要骨干以普氏三姐妹创办的民族民间刺绣品厂为主。早在 20 世纪 90 年代，普氏姐妹（普芳、普虹、普菲）就把阿着底村的撒尼刺绣拉到了广州、深圳、海南等沿海地区。现在她们的刺绣品已远销全国各地，以及泰国、越南、韩国、日本、法国、加拿大、美国等国家。她们还应邀参加昆交会、广交会、东盟博览会等国际国内的大型交易博览会。

阿着底村的民族民间传统刺绣业，从业人较多，是家庭经济收入的主要来源之一，年产值达 800 余万元。在村里有工厂，在昆明有办事处，在全国有营销网络，通过国内的大客户大商家的批量订货销往国内外市场。

2006 年，经云南省人民政府批准，被列入云南省第一批非物质文化遗产保护名录。

（12）彝族摔跤

彝族摔跤盛行于昆明市石林彝族自治县的各个彝族（撒尼）村寨，是隆重的民族体育传统节日。

古老的祭祀活动开始前，彝族男子以摔跤举行庆祝仪式，他们赤裸上身上阵，用摔跤的方式进行表演，庆贺丰收、祈求来年五谷丰登、风调雨顺、六畜兴旺。在石林，每个彝族村寨都有自己固定举行摔跤比赛的时间和地点，临近比赛的时间，人们就用海报形式进行宣传（时间、地点、奖励办法、比赛办法等）。比赛时，人们以村为单位组队，由小到大顺序参赛，比赛约定成俗，三跤两胜，脊背落地告负，负者淘汰；胜者再挑战新的对手，直至产生当天的冠军。如今，参赛运动员由文艺队引导入场举行踩跤场仪式，锣鼓、三弦、鞭炮声齐鸣，青年男女载歌载舞，同时举行祭祀活动，礼毕比赛开始。比赛结束后，举行"挂大红袍"仪式，获胜摔跤手要披红挂彩，怀抱奖品绕场一周，以示对乡亲的支持表示谢意。石林彝族（撒尼）摔跤习俗是云南民族文化中的一朵奇葩，具有丰富的地方民俗内涵和独特的民族文化色彩。

2009 年，经云南省人民政府批准，被列入云南省第二批非物质文化遗产保护名录。

（13）云子围棋

围棋起源于我国，其历史可追溯到《博物志》中"尧造围棋，以教子丹朱"的传说。"云子"是"云南围棋子"或"云南窑棋子"的简称。因其外形优美扁平较薄得名"云扁"。由于古"云子"以永昌（今保山）所产围棋子为其上品，故又称"永子"。

永昌"永子"虽历经百年，但生产技艺早已失传。新中国成立后，凝聚着中华民族智慧的"永子"受党和国家领导人重视关注，昆明第十二中学校办工厂和省体委组建试制小组研制云子。经过 200 多次试验，生产出比"永子"品质更好的新"云子"，至 20 世纪八十年代末又成功研制出无铅"云子"，成为国家工商总局批准注册的著名品牌。

云南围棋"云子"在继承传统的基础上，弘扬云南围棋制作工艺，有白子晶莹似玉、古朴浑厚、沉重扁圆、弧线自然；黑子乌黑碧透，犹如天然玉石精磨而成，对光照边缘现碧光，宛如清潭春水的特色，给人以清晰悦目之感。

围棋是中华民族传统文化"琴、棋、书、画"四大瑰宝其中之一宝，而云南围棋"云子"是历代文人雅士、墨客骚人陶冶情操、修身养性的休闲怡情之珍品。

2009 年，经云南省人民政府批准，被列入云南省第二批非物质文化遗产保护名录。

（14）汉族刺绣

嵩明县的汉族刺绣历史悠久。在嵩明，比较常见的针法有：铺针绣、长短针绣、鸡冠绣、满针绣、盘针绣、抛针绣、堆针绣、扭针绣、走针绣、布针绣、作布绣、乱针绣、三针绣、扣针绣、梭针绣、长针绣、机针绣等十八种。刺绣作品以大鱼帽、孔雀帽、十二生肖鞋、帐帷、庭幔最为出名。这些作品造型独特，材料工序复杂，花样繁多、形式多样，色彩搭配鲜明，生动形象，惟妙惟肖。仅大鱼帽的制作，就可追溯到清朝年间，距今已有一百多年的历史。

大鱼帽制作工艺复杂，须选用上等绸缎、丝线、金线、亮片等原料，采用铺针绣、满针绣等十余种针法绣成。整个帽子由红、黄、黑、绿四个色调构成，分鱼头、鱼尾两截。最有特色是三片鱼尾上分别绣有不同图案。花鸟鱼虫、山石树木之类，生动、漂亮。

近年来，随着人们生活水平日益提高，原生态的刺绣工艺悄然走俏。简单的刺绣品除穿戴外，更多是作为艺术品用来装饰和收藏。同时也是馈赠亲朋的最佳礼品。

嵩明汉族刺绣工艺，历史悠久，技艺精湛，实用性、观赏性较高，有鲜明的地方特色和独特造型，群众基础较好，有较高的开发利用价值。

2009 年，经云南省人民政府批准，被列入云南省第二批非物质文化遗产保护名录。

（15）宜良烧鸭

宜良烧鸭，有着悠久的历史，虽诞生于北京，却反而光大发扬于云南宜良，它以独特的烤鸭派系，成为中华民族百年传承的优秀美食，成为云南省饮食文化中宜良的一张名片。

清光绪二十七年（1901 年）云南乡试，宜良县许实得中举人（1903 年）举行会试，狗街西村人刘文（1875—1954）作为许实的书童，随侍进京，投宿于北京米市胡同"便宜坊"附近，常前往就餐，品尝北京烤鸭。刘文以北京"便宜坊"私淑弟子身份对北京烤鸭技术加以改进，选用宜良本土的瘦肉型云南麻鸭烧制成宜良烧鸭。

抗战初期，大批京津学者、教授随西南联大等院校赴滇得食刘文烤鸭，高度赞誉，广为宣传，使宜良烧鸭名声大振。刘文先生创制的用云南麻鸭为原料的宜良式焖炉烧烤的烧鸭"京都烧鸭"由此得名，成为云南美食界的佳品。

"宜良烧鸭"由于其广泛的市场需求，已成为宜良特色经济和支柱产业，2008年养鸭数量达 2000 万只，成为全国养鸭县之一，成为云南省白条鸭交易的集散地。

目前，宜良县境内初步统计烤鸭经营户 67 户，遍及各乡镇，日均销售烤鸭6140 多只，并辐射至全省各地。

2009 年，经云南省人民政府批准，被列入云南省第二批非物质文化遗产保护名录。

早在 3 万年前，呈贡龙潭山一带已经有人类活动。在漫长的历史进程中，呈贡人民以特有的精神价值、思维方式、想象力、文化意识创造出世代相传的风俗习惯、传统戏剧、节庆礼仪，传统工艺、民间美术、民俗技能等非物质文化遗产，这些非物质文化遗产，具有浓厚的民族历史文化积淀和广泛突出的代表性。自1999 年以来，国家、省、市、县先后命名了 16 项非物质文化遗产代表性项目和41 名代表性传承人。2008 年呈贡被文化部命名为"中国民间艺术之乡"。本节详细介绍了呈贡非物质文化遗产的发展过程、具体概况等。

3. 省级保护项目（3 项）

（1）呈贡花灯

呈贡素有"花灯之乡"的美誉，境内各村寨都有分布，民间俗称"呈贡 60 村、村村有花灯"。呈贡花灯历史悠久，是云南花灯的一个重要组成部分。呈贡花灯音乐的风格特点是戏剧性比较强，音乐变化丰富，能适应各种长短句的唱法，对塑造戏剧人物性格尤为见长。

1949年前，呈贡民间的花灯活动多在年节、庙会和农闲展开，春节期间达到高潮，民间常有"过年不唱灯，牛死马遭瘟"的说法。每年冬月初一，结班拜"灯神"后排练节目，从正月初二开始演到正月十六后送"灯神"归殿才停止。很多村子历来都有自己的花灯班子，这些灯班的班主和主要演员多数是世代相传，呈贡县最出名的要数下可乐李本忠和马郎村蒋斯文一家，至少祖传4代以上。他们集合一批花灯艺人组成"灯棚"，多者30人，少的也有10数人。久负盛名的是可乐村，稍后一些的有江尾、松花、郎家营等地。从唱灯师傅的传承关系和花灯演唱的流布线路看，基本上以坝区的可乐村和山区的马郎、头甸为中心向各乡村辐射，并影响到邻县及其他州县。

约在1935年左右，玉溪地区的花灯传入呈贡，呈贡民间花灯艺人们称其为"新灯"。首先传入的地点是马金铺、大营、中卫、大渔、新村等地，其中大渔的"民乐"剧社名声较大。呈贡传统"老灯"的曲调词句比新灯的曲调词句复杂难学，而且新灯所带来的新剧目也有一定的吸引力，呈贡的花灯艺人们逐渐接受了新灯。一些艺人在继承呈贡"老灯"唱腔的同时，也吸收了玉溪"新灯"的唱腔。在长期的演唱过程中，"新灯""老灯"相互影响，相互渗透，呈贡花灯的表现力进一步加强，剧目日益丰富。

1949年后，呈贡花灯受到政府、专家的重视，不少文艺工作者专门到呈贡农村来采集整理。1952年杨放同志出版的《云南民歌（二集）》写到呈贡花灯。1957年，尹钊同志在大量采集整理的基础上，出版了《呈贡花灯》专集，共34曲。1960年前后，云南省花灯团和玉溪地区花灯团分别聘请呈贡县松花铺的李文源、李绍阳兄弟教唱花灯，为云南省采集整理呈贡花灯的音乐和剧目提供了大量的资料。1987年–2001年文化馆先后在全县进行了呈贡花灯剧目和呈贡花灯音乐普查、整理，共整理出呈贡花灯剧目若干个，花灯音乐90多首，并进行了录音和录谱。县文化馆专业人员参加了《昆明花灯音乐》的编辑工作，该书共收录呈贡花灯音乐74首，下可乐的李本忠（已故）、小营的杨先（已故）、江尾的张述周（94岁）老艺人被立传介绍。1990年由云南人民出版社公开出版发行。2002年，上可乐村花灯老艺人李永福（艺名"小翠花"）被云南省文化厅命名为民间音乐师。

1978年后，花灯的师承关系已转变成专业部门辅导培训或村中艺人相互指导切磋。拜"灯神"等一些习俗已渐渐被遗弃。90年代后，随着农村经济的迅速发展，以学习演出花灯歌舞为主的群众文艺队伍已在全县农村普遍存在，全县65个自然村共有100多个青、老年花灯演出队。还有像渔乡花灯团、莲花花灯团等10多支以演出剧目为主而带有营利性的花灯团队，他们除学习、演出一些传统优秀剧目外，也编排一些宣传政策法规的花灯歌舞、小戏，在娱乐身心的同时，又带有一定的政治性。近年来，尽管国内的戏曲活动较为低迷，但由于花灯在呈贡有着深厚的群众基础，其在呈贡农村尤其是中老年农村妇女中却越演越盛。2005年呈贡也被昆明市政府公布为非物质文化遗产保护名录——"呈贡花灯之乡"，2008年被文化部命名为——中国民间艺术（花灯）之乡。

（2）呈贡菱角编制

据编菱角的老艺人传说是唐代以来端午节人们为金角老龙戴孝所用的纪念品。菱角草编工艺品（图3-3），是由多个用大麦秆皮编制小三角经染色后相串而成的似小灯笼样的装饰品，如：狮子莲花灯、果盘莲花灯、麒麟送子灯、金鱼、绣球灯等。它造型精巧、内容丰富、美观大方，成为深受千家万户喜爱的民间工艺装饰品，具有独特的观赏效果。此项工艺有史以来只在呈贡县可乐村流传。可乐村王桂英为编制菱角的高手，她的菱角光滑明亮、色泽鲜艳、曾远销外省及四川、贵州等周边地区。

可乐村现只有10多位70岁以上老人在继承此项工艺，却很少有年轻人继承，此项手艺正面临失传的危险。

菱角源于唐代的小工艺品，见证了历史，历经了沧桑，发展到今天仍在延续。他的价值来自远古的美感令人赏心悦目，而它匠心独具的装饰效果颇具民族民间文化内涵，富有吉祥如意的喜庆色彩。

图3-3　菱角草编工艺品

（3）剪纸

呈贡剪纸（图3-4）是一门富于传统的民间艺术，它风格独特，质朴、清新、纯真，深受广大民众的喜爱。据呈贡民间老艺人袁狱兰（1918—2005）生前回忆，自己小时候，街上就有人卖用纸剪好的鞋花样、帐檐花样。由此可见，清朝时期，剪纸就已在呈贡民间盛行。

呈贡剪纸的内容很多，寓意很广。祥和的图案企望吉祥避邪；娃娃、葫芦、莲花等图案象征多子，中国农民认为多子便会多福；家禽家畜和瓜果鱼虫等因与农民生活息息相关，也是剪纸表现的重要内容。

呈贡剪纸分类很多，有鞋花：贴于鞋子的底样，绣出不同式样的花草用不同颜色的纸，在纸上蓻出不同的图案和形状，表现出喜庆热闹的装饰品，它精美细致、形状造型各异，内容丰富，不受任何限制夸张、大方、装饰性强。窗花：用于喜庆节日，美化环境，根据不同的喜爱剪出不同的图案。这些图案大多反映自然界中的花草、植物、人物、动物等；还有围腰花、围腰头花、帐檐花、枕头花、帽花等，通过剪纸作底样加以刺绣，形成成品。其次剪纸可用于点缀墙壁、门窗、房柱、镜子、灯和灯笼等，也可为礼品作点缀之用，剪纸本身也可作为礼物赠送他人。呈贡剪纸在呈贡区大部分地区均有分布，主要分布于马金铺、大渔、七甸、龙街等地。

图 3-4　呈贡剪纸

4.市级保护项目（10 项）

（1）板凳龙舞之乡（图 3-5）

板凳龙在史料中鲜有提及，起源时间不详。由于板凳龙取材方便，体积小，舞蹈套路简单易学，早年在呈贡山区、坝区均有活动。1978 年后，只有七甸乡一带仍很活跃，逢年过节的观音寺庙会时进行表演。

图 3-5　板凳龙舞

（2）小独龙舞之乡

小独龙舞属双人舞，表演时一人耍龙，一人舞宝，是呈贡县颇具代表性的主要舞蹈之一。清至民国期间，小独龙舞在化古城、左所等地均有传承。小独龙小巧别致，舞动中舞者上下翻滚，前后跳跃，见龙不见人，舞姿造型生动神奇，动作刚健有力。从舞蹈程式上看，无规定程序，即兴而舞，但却有一些别致的有趣的造型动作，如"龙戏珠""龙吃珠""龙定珠""龙转身""龙盘结"等。曾被云南省歌舞团编入民族舞蹈《万盏红灯》中。现在只有马金铺地区有此项活动，传承人越来越少，2005 年呈贡马金铺地区被昆明市政府公布为小独龙舞之乡。

（3）棒鼓舞（秧佬鼓）之乡

秧佬鼓过去（20 世纪 90 年代前）的舞队由 50～70 人组成，分别扮演棒舞、狮舞、鼓舞、十戚（刀、枪、棍、叉）舞、花灯歌舞、戏剧人物等，现在的舞队只有棒舞和鼓舞，故称棒鼓舞。20 世纪 70 年代前，呈贡大部分地区都有此项舞蹈活动，70 年代后只有七甸地区还在活动，多为有组织的表演。2004 年七甸观音寺秧佬鼓队参加昆明市"百龙闹春"活动及民间文艺调演曾获得最佳节目奖。2005年七甸被昆明市政府公布为棒鼓舞（秧佬鼓）之乡。

（4）滇戏之乡

呈贡滇戏活动分布在斗南、大洛羊、倪家营、小营、中卫等地，以斗南村最盛，有"滇戏窝子"之称。1965 年至 1975 年间传统戏被封禁，演出活动销声匿迹，服装道具遭到焚毁，斗南滇戏活动一度消沉。

1978 年后为了恢复斗南村的滇戏活动，大队举办培训班，培养滇戏新人。

1978 年，本村农民作者毕绍文创作的滇剧小戏《寒冬之春》参加了昆明市文化局举办的文艺汇演，获优秀奖。1987 年本村作者杨沛恭创作的滇剧小戏《双喜临门》参加市文化局举办的小戏调演，获三等奖。1988 年杨沛恭创作滇剧小戏《柳暗花明》参加第二届滇东北戏剧节，获演出一等奖，编剧二等奖，主演李彩萍获表演一等奖、李有信获表演二等奖、李万盛获表演三等奖。1989 年，滇戏《老板求婚》昆明市法制调演中获一等奖。2004 年滇剧小戏《村官家事》，参加昆明市"建设现代新昆明社区文艺展演"获优秀奖。2004 年 9 月，在昆明市文联、市戏剧家协会主办的花灯滇戏演唱大赛中，李彩萍获一等奖，李有信获二等奖，王树兴获三等奖。

斗南滇戏底蕴深厚，演出剧目丰富、角色行当齐全。2003 年 10 月，斗南成立"斗南滇剧爱好者协会"，李有信任会长，会员有 27 人。2005 年"斗南滇剧之乡"被列入昆明市非物质文化保护名录。

（5）板凳龙的传说

板凳龙的传说，无相关的历史资料，现传说版本有两种。

第一种是有一青年名叫阿咱哩，因田里的秧苗被毁而发现是群龙作孽。因偶得一点捉龙术，遂能捉龙。阿咱哩捉龙后，将龙带在身上四处游荡。看到干旱缺水的地方就用草鞋压一条小龙在地上，不久，这里就冒出一股泉水。此后，呈贡大地再也不愁水喝了，为纪念阿咱哩，庆祝有水之后的大丰收，人们用板凳扎成被阿咱哩压住的小龙的形状，龙的头、尾饱满，中间扁平，三五成群，或全村聚会舞动，后渐成习俗。

板凳龙是呈贡民间流传较广的一种舞蹈形式。其起源已无法考证，传说故事吻合了板凳龙的造型，并说明了板凳舞庆丰收、祈平安的内涵。

第二种是滇王庄蹻，因楚国将士们思乡不已，在与当地土著联欢中，以板凳即兴摹拟家乡耍龙而流传下来。这一传说亦无史料。

板凳龙现已渐渐失传，是呈贡民间颇有地方特色的民间舞蹈，板凳龙传说的收集整理一方面增加了板凳龙舞的文化内涵，另一方面也对板凳龙舞的研究有一定的价值。

与民间板凳龙舞相依托，舞与传说相结合，共同推广普及。将传说故事进一步收集整理，力争发表或出版于正式刊物，扩大影响，以提高口传老艺人的社会知名度。

（6）梁王山的传说

元朝时，呈贡马金铺东南的罗藏山（即现在的梁王山）为元朝统治者的一个重要练兵场地。

相传，公元 1253 年，蒙哥汗命储王忽必烈率十万大军进军云南，万里袭滇，乘革囊强渡金沙江，平定云南后，忽必烈封其孙甘刺麻为元在云南的王政代表，称梁王。元末，中原元朝已被朱元璋消灭，明洪武十四年（公元 1381 年）沐英、傅友德征讨云南，梁王兵败，退守罗藏山。为与明军对峙，第四代梁王巴匝南那瓦尔密看中此山地势险要，视野开阔，草肥林密，易守难攻，在主峰北侧较平缓的山地建立了大小军事教场，驻屯练兵。又在主峰北侧下的菜花坪植园种菜，修建跑马场、花园、凉亭、寺院等基础设施，梁王山白云深处有了人家，有了袅袅炊烟，有了牛铃悠悠，有了牧人和樵夫高亢嘹亮的喊山调。当时，云南每年要向元朝廷进贡良马 2500 匹，后改贡给梁王，梁王在山上建兵营要塞，行宫衙门，修建了梁王金殿，开辟了大、中、小教场，驻军扎寨，并将一部分马匹放养在山上，筑池饮马，现今的饮马池村委会由此得名。由此，形成了 18 年分庭抗礼的局面，1375 年梁王战败后，举家 200 多人全部殉难，可谓惊天地、泣鬼神。此期间，梁王搜罗昆明宫中金银珠宝，藏匿于梁王山石洞，形成了有九十九桶金，九百九十九桶银，以及几代藩王等神秘的故事和传说。由于梁王及部下在此驻军扎寨时间长，活动遍及全山，后人就称之为梁王山。

呈贡向来少战事，故由此衍生出的故事占了民间传说的较大比例。如《白马将军》《饮马池》《罗藏山金殿寺的来历》等，其中以《漫征关坡十八年》的传说流传最广。

随着发达的传播媒介的使用推广，外来文化的侵入正逐步取代本土文化。卓怀贵等一批熟知该故事的老艺人已先后故去，"梁王传说"系列故事被年轻一辈认知的已越来越少。目前尚有一批对县情、乡情感兴趣的中老年人熟知其中的故事。

能对讲述其传说的艺人给予关怀，加强宣传，提高其社会地位，使口述文学增强其鲜活性，民族民间传统文化得以继承、收集、整理、补充，为《呈贡民间传说》一书拾遗补漏，争取公开出版，扩大社会影响面。对一些故事整理改编，通过舞台、电视剧等艺术形式，扩大这些故事的认知度。

（7）音乐《大河涨水沙浪沙》

唱山歌在呈贡地区叫唱调子、唱小调、唱民歌，是同一内容的不同称呼。"大河涨水沙浪沙"就是呈贡地区较有代表性的一首民歌。

《大河涨水沙浪沙》属呈贡民歌中比较优秀的汉族歌曲。原发地为呈贡地区，其具体形成的历史已无法考证。据明谪滇的大文豪杨升庵在滇池周围观社火时作《观秋千》诗"滇歌焚曲齐声和，社鼓渔灯夜未央"诗句，以及清顺治陈鼎在《滇黔游记》中记载："滇中民族每届春节必多就村场聚集多人，相对而歌，相对而舞，歌时间以弦索笙笛，声由靡靡可听"。至少说明此曲的历史渊源应在清末以前。此曲在呈贡相当流行，几乎家喻户晓，曲调属昆明调中的呈贡小调。多在山野田间歌唱，一般不受季节限制。歌词内容为"大河涨水沙浪沙，一对鲤鱼一对虾，只见鲤鱼来戏水，不见小妹来采花"。歌词借用比喻和夸张的手法较含蓄地表达了恋爱中的情哥思念情妹的心情。歌曲旋律用中速进行，第一乐句末尾在高音区上甩腔散唱婉转悠扬，与末尾一句在低音区上用同样的方法，使整个旋律首尾呼应，优美动听。

此歌曲 20 世纪 50 年代经过云南省著名歌唱家黄虹收集整理传唱后，再经过媒体的广泛传播，会唱的人越来越多，而且扩大到省内外。此歌曲由于旋律优美动听，非常感人，反映了滇池东岸汉族人民对爱情生活纯朴的热爱和追求，具有较高的艺术欣赏价值和文化历史价值。

（8）呈贡豌豆粉

呈贡大部分地区均有分布，其中七甸村、吴家营村、可乐村、石碑村、县城、小河口村因水土关系、制作工艺和口味好而产量较大，影响较广。呈贡豌豆粉做工精细讲究，成品呈粉金黄色（接近豌豆瓣颜色），色泽莹润，细腻醇香。佐料分干佐料（以蒜泥、姜汁、油辣椒、花椒油配制）和潮佐料（干佐料加甜酱油、咸酱油、酸醋），其中油辣子的配制比较独特。配上佐料的豌豆粉色、鲜、香、味俱全。它是呈贡人民在长期的生活和生产中创造的产物，它具体展现了劳动人民在饮食文化中的智慧，对呈贡的经济发展和宣传呈贡起到不小的作用，不愧为云南小吃文化中的一颗珍珠。揭示和研究它的发展规律，探寻小吃文化的创新，围绕呈贡豌豆粉开发新的经济文化增长点，无疑具有重要的经济价值和文化科学价值。随着市场经济的不断扩大和深入，呈贡豌豆粉的制作和销售市场也在不断提高和增长，本地销售豌豆粉的摊点也逐年增多，它的名气和影响也越来越大，许多外地人和慕名而来的人都喜欢吃呈贡豌豆粉。在呈贡的饭店、宾馆、山庄、餐厅的餐桌上都少不了豌豆粉，据做得较好的李丽红说她家平均每天的批发量在 400 公斤左右，而王纯明家在一吨以上。连昆明市区有的餐馆都到呈贡来订做豌豆粉，市场需求在不断增加。

呈贡豌豆粉现在除文字（省、市级保护名录申报书各 1 份）资料、录音资料20 分钟、录像资料 DVD 光盘 1 张 10 分钟、图片资料 6 张外，还未做过其他有效的保护工作。

（9）戏剧山歌剧

山歌剧是近年来在昆明及周围地州农村非常活跃的一种新兴的戏剧样式，它以光碟为载体，以云南流行的民歌小调或花灯曲调演绎一个完整的故事情节，将传统戏曲的程式化与影视的现实手法相结合拍摄而成的戏剧样式。

据 2004 年 12 月—2005 年 4 月的市场调查发现，当时市场上曾经销售的山歌剧目有近三百出，呈贡近 90% 的农户都有 4 碟以上的山歌剧碟片。

由于山歌剧演员来自民间，语言平实，表演稚拙，曲调多是民间流行或传唱久远的山歌小调，熟悉亲切，而故事内容又多为民间关注的"养老"问题、"父母离异，子女命运"问题等题材，这些与生俱来的山歌剧的"亲切感"，使得山歌剧颇受成年人群的喜爱。

山歌剧的兴起可追溯到 1999 年陈健、杨凤英山歌专辑的出版，尽管以前也有专业剧团的优秀剧目拍成光碟，但无论是从形式到内容都是有区别的。当时，由于山歌剧是一刚刚兴起的戏剧样式，缺乏政府行为引导，演员的传承或提高或退出均为自愿、自学性，并受市场销售的制约。2007 年以后，大量出版发行商的盲目投拍，粗制滥造，以及新的一些艺术样式在农村兴起，山歌剧开始进入低迷时期。

（10）瓦猫

一种外型似虎又似猫的土陶制品。呈贡民间主要用在房屋的正脊或大门头上作为避邪驱魔用。现在城市里已有人把它作为土陶工艺品观赏。关于它的产生和发展的具体历史现已无法考证。它流行于呈贡周边及云南部分地区。原龙城镇新草房和洛羊镇新安村制作的瓦猫嘴大张，口内牙齿直竖，头圆耳长，虎视前方，双脚扶抱八卦太极图，其形态威严又不失天真。深受群众和有关艺术家的欢迎。过去烧制瓦猫须请才制作，不得讨价还价。定价尾数必须是"六"，取"六畜兴旺、福禄寿喜"之意，民间制作瓦猫的工匠有万树青、罗华、罗爱军等。1999 年、2002 年，万树青、罗爱军分别被云南省文化厅命名为民间工艺美术师；2002 年中央电视台"走进幕后"栏目亲临呈贡 2 天进行瓦猫制作的全过程专题录制，并先后两次在中央电视台三套播出，云南电视台、昆明电视台亦对呈贡瓦猫做过专题报道。

瓦猫制作的主要传承方式为家传。2007 年由于建设呈贡新区的需要，原烧制瓦猫的窑场已被埋毁，瓦猫制作的传承人万树青已故，现只有罗爱军等两三家人会做，但已无用武之地了。瓦猫是昆明及周边地区农村广为流传的镇宅之宝，它造型别致、美观、洗练大方、夸张得体，具有较为高的艺术观赏价值，是民间造型艺术的经典之作。

5. 区级保护项目（1 项）——呈贡臭豆腐

20 世纪 80 年代前呈贡大部分地区均有家庭制作自食，现在主要以七步场、梅子、马金铺、古城、七甸等家庭作坊制作销售为主，一年四季都有出售，其中七步场臭豆腐以口感好、味道纯而深受广大群众的喜爱。

七步场臭豆腐历史悠久，做工精细讲究，是地方传统小吃中的精品，它的制作工艺和销售展现了劳动人民在小吃文化中的智慧，对呈贡的经济发展和宣传呈贡起到不小的作用，揭示和研究它的发展规律，探寻小吃文化的创新，围绕七步场臭豆腐开发新的经济文化增长点，无疑具有重要的经济价值和文化科学价值。七步场臭豆腐因豆腐发酵时间随着不同时间和季节的温度变化使确定发酵时间的长短不易掌握，成品不容易储存，当天出箱当天食用较好，储运局限性大，要进行品质优良的大规模生产难度大，所以呈贡臭豆腐只局限于在昆明城郊进行零散地摆摊设点。七步场臭豆腐除文字（省、市级保护名录申报书各 1 份）资料、录音资料 20 分钟、录像视频资料 30 分钟、图片资料 20 张外，还未做过其他有效的保护工作。

第二节　呈贡草编菱角的文化内涵

素有"滇中果菜鱼米乡"之称的呈贡可谓一颗镶嵌在滇池东岸的明珠。早在春秋末至战国中期，呈贡凭借其发达的文化艺术成为滇文化的发祥地之一，并获"中国民间特色艺术之乡"的美誉。深厚的历史文化积淀，培育了一批又一批优秀的民间工艺美术创作者。

呈贡的麦编菱角就是端午节滇池地区的人们意愿的集中表现，它承载着几千年中国端午节民俗文化的内涵，也为云南创造了有民间独特风韵的艺术品种。

呈贡可乐村的麦秆编菱角，相传有久远的历史。从中原文化和楚文化中发展成为具有独特造型方式的丰富民族文化，造就了麦秆编菱角这样的民间造型艺术。在民间人们可能不会用文字来记录习俗或图腾，但有可能通过创造出一些有象征意义的物件来表达风俗思想和愿望。呈贡的麦编菱角是端午节滇池地区的人们所要表达的象征的集中表现，它承载着几千年中国端午节民俗文化的内涵，也是云南创造了具有民间独特风韵的艺术品种。

一、呈贡菱角

呈贡可乐村的麦秆编菱角，可谓源远流长。在民间，相比用文字来记录习俗或图腾，人们更惯于创造出一些有象征意义的物件来表达风俗思想和愿望。

草编手艺在民间有着悠久的历史，是家传的手艺，更是当地人们日常生活中不可或缺的必需品，它们是一种对历史文化的传承，同时也装点我们如今的幸福生活。

人们现在又有各种花样翻新的高科技玩具和新款的工艺品代替。编制菱角这门手艺已面临后继乏人的大问题。还好政府已开始重视文化遗产的传承。

随着农村城市化进程步伐的加快，各级文化部门也将支持开办菱角传习班等系列活动，并提供展示宣传产业化和有利于项目传承的帮助，提高人们对菱角的认知度，把菱角编制打造成呈贡民间工艺的一张美丽的名片。

（一）发源地

菱角制作技艺的历史及发源地虽无从考据，但从其使用的习俗及所包含的民俗文化确是深厚幽远，它从远古的中原文化和楚文化深厚的民俗内涵中走来，走到现在，是不可多得的独具特色的民俗品，也是造型奇特的工艺品。

（二）菱角故事传说

相传，唐朝时候，有一个村庄的村民，以种植农作物和猎狩小型动物为生，偶尔会到山中打猎。端午节这天，他们在山林里寻找猎物的时候，与一群猛虎不期而遇，短暂的相峙之后，村民们开始逃跑。他们逃到了山的最高处，虎群也追到了最高处，他们爬上了最高的树，虎群就在树下停了下来，围着大树，不住地咆哮，仿佛打定主意，非以村民们为食不可。三天三夜过去了，虎群仍旧围困着村民们，眼看树上的人们就要坚持不住了。这时，天空中飘来一朵彩云，东海的金角老龙王站在云端，他是受天庭调派，在此方布云行雨的。他搭手一看，便发现了相峙的人和虎。他想，地界上人本来就少，让他们成了虎的食物，岂不可怜，让我救他们一救。于是，龙王倾东海之水，倾泻而下，水渐渐漫上了山顶，淹没了虎群。

村民们得救了，他们十分感谢金角老龙王的救命之恩。想赠予老龙王一些他们打猎所得的猎物作为答谢，但遭到了老龙王的拒绝，他们心想或许是因为东海里应有尽有，猎物太过寻常。又看到了陆地上长得细长窄叶的草，村民折下一根草，编制了一个菱形的物件赠予金角老龙，以表示他们的感激之情，老龙王收下便离开了。后来，每到端午节这天，他们便会用麦田里的大麦秆编制一些菱角风铃挂在自家门上用来纪念金角老龙王。

二、传承人

文化和文化活动贯穿于整个人类社会的发展过程，对于个体或者族群是不可缺少的一种生活需要。在非物质文化遗产（以下简称"非遗"）的保护和传承过程中，传承人发挥着至关重要的作用。对此，学界已基本达成共识，并进行了大量卓有成效的研究。

"呈贡菱角编制"这项广泛流传于呈贡民间的手工技艺于 2005 年 5 月 9 日，被公布为第一批县级保护项目。而呈贡可乐村的王桂英母女也是菱角目前唯一的传承人，菱角的传承虽也得到了国家法律的保护，但做工复杂费时耗力，利润微薄，当地缺少唯一的材料大麦秆，加之随着社会的发展，人们的生活方式和生活习俗发生了改变，菱角对大家的吸引力逐渐减弱，其真正的文化内涵越来越不被人们所知。这项手艺收入不高，已无人再学，只有王桂英母女还在默默地继承着，也是举步维艰。

我国的"非遗"研究大致在 2006 年以后形成热潮。著名民俗学家钟敬文先生指出："民族文化，是一面明亮的镜子，它能照出民族生活的面貌，它还是一种爱克斯光，能照透民族生活的内在'肺腑'。它又是一种历史留下的足迹，能显示民族走过的道路。它更是一种推土机，能推动民族文化的向前方向。"因此文化在人类社会向前发展过程中扮演着举足轻重的角色。

（一）传承人王桂英

王桂英，1931 年出生于呈贡区乌龙街道上可乐社区，2007 年被昆明市政府列入昆明市第一批非物质文化遗产传承人（图 3-6）。祖传草编菱角，从 15 岁开始学编菱角，她心灵手巧，在上可乐村编菱角的人中，数她编得最好。她编的菱角光滑端正，色彩鲜艳亮丽，受到当地的一致好评。她每年利用农闲时间编制的三千多件草编菱角远销全省各地州市和贵州、四川等地。

图 3-6　昆明市非物质文化遗产传承人牌匾

草编菱角工艺在呈贡地区已经流传几百年，而王桂英家的菱角也祖传了好几代。技术娴熟的她从小就跟着母亲学编菱角，所编菱角不仅有棱有角，而且色彩鲜艳和谐，造型多变，形象生动活泼。传承祖业以来，前前后后她已差不多编了近五六十年的菱角。从老人一双粗糙的手可以看出她对草编菱角的感情。

一根根普通的麦秆到了王桂英的手里，经过她的手几番折叠，仿佛有了灵性，转眼间就变成了一个个漂亮的菱角。小小的麦秆编菱角看起来很简单，整个过程却很费时间和精力，整个流程十三道工序，一一做下来，要有足够的细心和耐心。

过去，每年麦子收完后，王桂英家就开始把麦秆收回家。麦秆要求草茎饱满，不能有丝毫损害，否则会影响成品的美观。

除了对那份祖传手艺的珍惜和尊重外，就是对自己内心的坚守。现在呈贡基本没有可用的麦编原材料，只能到外地采购。自己年纪大、运费高不说，再加上人工费上涨，致使菱角编制的成本大大提高。实际上，编菱角已经不再能赚钱了，市场也在不断地缩小，人们现在又有各种花样翻新的高科技玩具和新款的工艺品代替。编制菱角这门手艺已面临后继乏人的大问题，好在政府已开始重视文化遗产的传承。

王桂英在呈贡当地是家喻户晓的菱角草编传人，从十多岁开始编菱角一直到现在的八十多岁，虽然手脚已远不如年轻时灵便，但还坚持不懈地在传承这门手艺。

王桂英从事编菱角已有60多年，于1999年被命名为第一批云南省民间工艺美术艺人；2003年，中央电视台《走进幕后》栏目曾对她做过专题采访和报道；2010年6月，王桂英参加昆明市非物质文化遗产民间艺人展示活动，作品受到广大群众的喜爱和争相抢购，展示受到各界人士的好评。现在三个女儿已经传承了她的这门手艺，并能独立完成菱角的编制与创作。

随着农村城市化进程步伐的加快，各级文化部门也将支持我们开办菱角传习班等系列活动，并提供展示宣传产业化和有利于项目传承的帮助，提高人们对菱角的认知度，把菱角编制打造成呈贡民间工艺的一张美丽的名片。

天道酬勤。经过半个多世纪的辛勤劳作，王桂英成了滇中菱角工艺的带头人。2004年5月，她应邀参加了"中韩民族传统造型艺术特别交流会"，与贵州省苗族蜡染大师王月圆、云南省白族银器加工大师木发标、傣族葫芦丝制作大师哏德全等人一同登台。王桂英的事迹先后被昆明电视台，云南电视台和中央电视台等专题报道。

王桂英，一位朴实无华的草编菱角手艺人，她执着追求奉献了半个多世纪的光阴，无怨无悔地继承着我国的非物质文化遗产。她的努力让草编菱角的绚丽色彩永远装点人间。

（二）李留美（图 3-7）

图 3-7　李留美

李留美（图 3-7）是第一代非物质文化遗产传承人王桂英之爱女，目前为第二代呈贡区非物质文化遗产手编菱角项目代表性传承人。

祖传草编菱角，从十岁左右跟随母亲学编菱角，她心灵手巧，把一根根普通的麦秆变成了一个个漂亮的菱角，她编的菱角光滑端正，色彩鲜艳亮丽，在编制过程中自己大胆创新，不断改变菱角的造型，变幻出了宝莲灯、莲花、小船、金鱼等无数妙趣横生的造型，让菱角这个传统的工艺更加新奇、漂亮。

2007 年参加老街庙会展出，菱角作品被评为金奖。2012 年 3 月，被命名为区级第二批非物质文化遗产保护项目线手工技艺（菱角）传承人。2012 年 7 月，被命名为市级第三批非物质文化遗产保护项目传统工技艺（菱角）传承人。

李留美不但编制了精美的菱角，还带来了既能观赏又具有实用功能的大菱角灯笼（图 3-8），将已面临失传的祖传草编菱角技艺展示给大家。

图 3-8 李留美与其作品大菱角灯笼

第三节 呈贡草编菱角演变与编制

一、菱角的演变过程

菱角据传说是唐代以来端午节人们为金角老龙戴孝所用的纪念品，具体起源时间无从考证。草编菱角成为深受千家万户喜爱的民间工艺品，具有独特的观赏效果。此项工艺历史以来只在呈贡县可乐村流传。可乐村王桂英为编制菱角的高手，她的菱角光滑明亮、色泽鲜艳，曾远销云南全省各地及四川、贵州等周边地区。

现在可乐村李留美为草编菱角代表人，还有一些年迈的老人在继续此项工艺，很少有年轻人继承，正面临失传的危险。

菱角源于唐代的小工艺品，见证了历史，历经了沧桑，发展到今天仍在延续。它的价值来自远古的美感，令人赏心悦目，而它匠心独具的装饰效果颇具民族民间文化内涵，富有吉祥如意的喜庆色彩。

呈贡草编菱角就是依据当地人自己的生存环境和民族审美意识并发展这种民间造型艺术，使它成为一支云南民间造型艺术的奇花。据说用麦秆破开舒展后编成菱形这一过程都经过了反复的实验才得以做成。这个菱形的几何造型，是原端午节"缠纸帛折成菱角"缠上五色丝线缀于胸前的习俗的延伸变异。用草编菱角将这种延伸渗透到了整个端午节的大部分习俗中去。同时创造了一种用三角形几何形体为元素，来组成各种象征物的艺术形式。而现在我们正对传统菱角的造型进行创新研究，达到对非物质文化遗产的保护和发展。

二、菱角材料

呈贡可乐村的麦秆编菱角，相传有久远的历史，因此材料要求苛刻，呈贡菱角编制原材料以大麦秆为主（图3-9）。

图3-9　呈贡菱角编制原材料——大麦秆

（一）材料要求

呈贡菱角编制原材料要求柔软、韧性好。（编制菱角所需的大麦秆，在用于编制之前要经过仔细挑选）当前使用的编制材料大麦秆光亮细腻，韧性好便于编绕。

麦秆要求秆茎饱满，太短的编不了，长的才可以，取中间匀称部分，不能有丝毫损害，否则会影响成品的美观。（编制取材于麦秆中段，摘去枝叶，剃掉骨节，保留圆滑明亮的棍状空心麦秆。此外，在筛捡时，需要细心地将有虫眼或有明显擦损的麦秆挑出来。麦秆的长短也将直接影响编制的速率，短的麦秆十分考验编织者的专业技巧，短的麦秆在编制时往往需要接好几次才能编好一个。

值得注意的是，同为麦系植物，小麦与大麦看起来相差不大，小麦秆却不可作为菱角编制的材料。

小麦是小麦系植物的统称，是单子叶植物，是一种在世界各地广泛种植的禾本科植物，小麦的颖果是人类的主食之一，磨成面粉后可制作面包、馒头、饼干、面条等食物；发酵后可制成啤酒、酒精、白酒（如伏特加），或生质燃料。小麦富含淀粉、蛋白质、脂肪、矿物质、钙、铁、硫胺素、核黄素、烟酸、维生素 A 及维生素 C 等。小麦的主要成分是碳水化合物、脂肪、蛋白质、粗纤维、钙、磷、钾、维生素 B1、维生素 B2 及烟酸等成分，还有一种尿囊素的成分。此外，小麦胚芽里还富含食物纤维和维生素 E，心脏少量的精氨酸、淀粉酶、谷甾醇、卵磷脂和蛋白分解酶。

小麦秆与大麦秆的区别不仅仅体现在外形上，还体现在硬度与韧性上。从外形上看，小麦的植株矮、麦芒短、穗长、两头较尖、较细长。大麦相比小麦，茎叶更粗，植株也比小麦要高、麦芒长，穗宽而长两头较圆，较圆润。大麦秆光泽度、韧性更好。小麦秆较脆，相比大麦，不易于软化，即使编制前用热水浸泡，也软化不到可以用于编制的程度。经过数辈人对麦秆属性的深入了解实践以及经验总结，最终确定大麦秆作为编制菱角的主要材料。

（二）材料属性

大麦属禾本科植物，是一种主要的粮食和饲料作物，是中国古老粮种之一，已有几千年的种植历史。大麦，别名牟麦、饭麦、赤膊麦，与小麦的营养成分近似，但纤维素含量略高。一年生，秆粗壮，光滑无毛，直立，叶鞘松弛抱茎，多无毛或基部具柔毛；两侧有两披针形叶耳；叶舌膜质，具坚果香味；叶片扁平。穗状花，小穗稠密，每节生三枚发育的小穗；小穗均无柄；颖线状披针形，外被短柔毛，先端常延伸为芒；外稃具 5 脉，先端延伸成芒，边棱具细刺；内稃与外稃几等长。颖果熟时粘着于稃内，不脱出。碳水化合物含量较高，蛋白质、钙、磷含量中等，含少量 B 族维生素。因为大麦含谷蛋白（一种有弹性的蛋白质）量少，所以不能做多孔面包，可做不发酵食物，在北非及亚洲部分地区尤喜用大麦粉做麦片粥，大麦也是我国主要种植物之一。大麦麦秆柔软，多用作牲畜铺草，也大量用作粗饲料。它有一定的经济价值和食用价值，不仅可以食用还可以用来酿酒。中国的大麦现多产于淮河流域及其以北地区。

三、菱角编制

一根根普通的麦秆经过几番折叠，仿佛有了灵性，转眼间就变成了一个个漂亮的菱角。小小的麦秆编菱角看起来很简单，整个过程却很费时间和精力，整个流程十三道工序，一一做下来，要有足够的细心和耐心。从准备材料到正式编制，再到完成作品，都需要投入足够多的精力。呈贡草编菱角以纯手工的形式进行编制，耗时较长。此外，菱角编制需要具有一定水平的草编技艺，编织过程中，容不得一丝马虎。

（一）菱角编制过程

整个流程需要十三道工序，开始进行分类整理，根据不同用途，先将秆茎饱满圆润的用拇指和食指掐掉麦秆头以去掉头子上的茸皮，再用手截成一段段长短有致的备料。麦秆分类整理好后，放在大盆内用清水浸泡半小时左右，待稍柔软后就捞起来，把麦秆从中间破开成片，然后就可以用来编织菱角了。编菱角时将麦秆的一边对齐，编织成大小不等的三角形，三角的每个角都看得到重叠的效果。这就是菱角的基础。一个个三角形的菱角编好后，就要把它自然风干，不能被阳光直晒以防止开裂变形。随后进行煮染，这道工序一般在天晴时做，充足的阳光会给菱角鲜艳、亮丽的色彩效果。小菱角晒干后，就可以串菱角造型了，老人用大底针穿棉线将一片片的小三角串缝成各种各样的形状。

菱角编制步骤基本固定，而在一个细节上是可以做出微调的。挑选材料的方法不变，染色却可以视情况而定。作为非物质文化遗产传承人的两母女，在染色这一环节，出现细微的差距。王桂英老师所做菱角的染色，是先折后染。即在折好一些菱角后，将菱角倒入煮有染料的沸水中进行染色，反复翻煮，方能让色彩均匀浸入菱角。而李留美在继承母亲编制菱角的技巧的同时，也对染色这一部分做出了改进和优化，选择先染色后编制。

（二）菱角造型编制方法

菱角基础造型有三种，分别是基础三角形、重叠三角形、五角星形。三角形菱角作为菱角基本型，五角星则是由三角形延伸出来的形状。

以三角形和五角星作为菱角基本型和造型基础，菱角的形状也产生很多变化与创新。菱角的造型创新与民间艺术相碰撞，与生活细节相交织，碰撞出更多富有生活气息的火花，菱角编制者也在总结生活经验的同时，赋予菱角新的生命与活力。用一个个简单的菱角穿扎起来，可以得出很多新的形状。不论是从古代传承下来的莲花、床、元宝，再到创新所得的小狮子、花篓等各种丰富的形态，无一不透露着民间艺术散发出的熠熠光辉，以及非物质文化传承人以及手工艺人们对生活与劳动的热爱。

1.编制前材料准备：

（1）挑选麦秆，去掉骨节。从地里收割回来的麦秆，需要晒干，去掉麦穗，仔细地挑选出菱角所需的麦秆部分。这是个需要细致和耐心的过程，选材的标准也极高。用于编制的麦秆必须光滑，没有损伤与虫眼。从麦株里取中间的主秆出来，去掉连接在中间的骨节，得到一段段空心麦秆做备用。

（2）热水浸泡，软化麦秆。天然的麦秆有一定硬度，可能会导致编制比较困难。所以在编织之前，必须要用热水将麦秆浸泡至少十五分钟左右。

（3）风干麦秆，避免暴晒。浸泡之后的麦秆，带有水分，将其置于通风阴凉环境下进行风干处理。此过程要避免阳光直射，因为阳光的直接照射可能会致使麦秆出现炸裂或是瘪陷的情况，不利于编织。

2.编制步骤：

（1）剖开麦秆。选择任意一根麦秆，用指甲由上往下轻轻一划，麦秆随即变成片状，进行按压，使其平整。如果出现瘪掉的麦秆，则不能用于编制菱角。

（2）叠三角形。可以从麦秆的任意一端开始编制，由外至内叠一个等腰直角三角形。使其垂直于片状麦秆的底边，进行按压定型。

再叠一次三角形。将上一步叠的三角形往里叠，使其底边与片状麦秆底边重合。

（3）反向叠三角形。从另一边叠一个三角形，与叠好的三角形在视觉上形成等腰梯形。

（4）往上叠三角形。向上的边与等腰梯形的右侧边相重合，往右叠出一个三角形。此时叠出的三角形底边与等腰梯形的底边平行，出现三个角。到这一步，菱角的基础形状已经折叠完毕。

（5）重复缠绕每个角。逐一缠绕三个角，使三个角更充盈饱满。

（6）收尾。把剩下的一段麦秆顺打一个结，把结往下固定，拴住菱角三个角中的任意一个角。

（7）将编织完成的菱角进行煮染。用锅或盆烧水，加入染料，染料按菱角数量进行酌量增减。水煮开后，将编制好的菱角悉数倒入。这个过程将持续 30 分钟左右。

（8）将染好的菱角捞出，晾干。把染好色之后的菱角倒入事先准备的簸箕中，风干到一定程度后，可以放置在阳光充足的室外晾晒，也可以直接放在阳光下晾晒。

（9）将染好色的菱角根据颜色以及其他具体要求（或是即时创作）用针线穿连在一起，得到不同造型的菱角成品。

（三）菱角编制过程图（图3-10）：

（1）

（2）

（3）

（4）

（5）

（6）

（7）

（8）

（9）

（10）

（11）

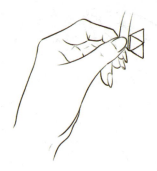

（12）

（13）

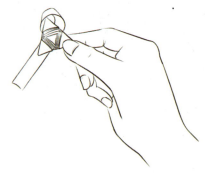

（14）

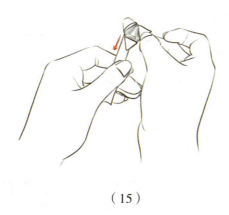

（15）

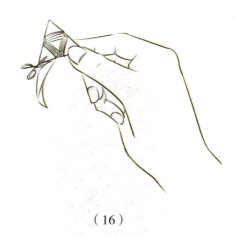

（16）

图 3-10　草编菱角编制过程

（四）草编菱角的色系

呈贡草编菱角就是依据自己的生存环境和民族审美意识发展起来的民间造型艺术。菱角出自云南，自然具有七彩云南颜色丰富、色彩明亮的特点。一般红、黄、绿为菱角颜色的基础色，除此之外还有很多的颜色，如大红、水红、绿、松绿、明黄、绛紫、锆白。红色、黄色、紫色、绿色这几种可以用现成的颜料外，其余的颜色都要自己动手调色和配制，每种颜色的比例都十分有讲究。

呈贡草编菱角色系以云南民间艺术传统色系作为基础和参考，并做出创新与微调，形成了如今这个既充斥民族风味，又散发现代气息的色彩系统。草编菱角的颜色多样，且多热烈、明亮、张扬又不失谦和，像极了云南人热情好客、热爱生活、朴素友善的性格特点。心灵手巧的手工艺人们在颜色的选取上，既有洒脱，也有谨慎。选取出来的颜色，明暗有别、冷暖相配，在穿织时也十分注重颜色的协调与搭配。草编菱角最常见用色基本为大红大绿，充满浓浓的民族特征与乡土气息，但容易显得单调。基于此，传统的手工艺人，学着调制新的颜色，做出逐渐完善的色彩体系。因此，草编菱角呈现于人前时，往往可以使人眼前一亮，心情愉悦。

第四节　传统草编菱角代表作品

一、宝莲灯（图3-11）

图 3-11　宝莲灯

作品名称：宝莲灯

设计说明：这个菱角作品是参照了传说里的宝莲灯所设计的，传说宝莲灯是一盏开天辟地的神灯，具有万年的法力。它的灯芯就是神灯的生命，只要灯芯在，他就能发挥力量。它的形状似一盏莲花形状的灯，从上到下依次有四层，造型奇特，色彩鲜艳。在美观的外形之下，不仅有美丽的神话传说，也有着创作者对生活的敬意。

二、莲花灯（图3-12）

图3-12　莲花灯

作品名称：莲花灯

设计说明：莲花象征着纯洁与高雅、清净和超然。出淤泥而不染，至清至纯。藏传佛教认为莲花象征着最终的目标，即修成正果。莲花的花死根不死，来年又发生，象征人死魂不灭，不断轮回中。佛教把莲花看成圣洁之花，以莲喻佛，象征菩萨在生死烦恼中出生，而不为生死烦恼所干扰。在民间，有不少信仰佛教的人，因此少不了对莲花的喜爱。该作品顶部是简单的莲花形状，下面渐渐加宽花的宽度，在莲花的基础上加以改变和创新，创作出了这个作品。

三、麒麟送子（图3-13）

图3-13　麒麟送子

作品名称：麒麟送子

设计说明：麒麟送子，依据中国祈子风俗，流行于全国各地。中国民间认为麒麟为仁义之兽，是吉祥的象征。俗传积德人家，求拜麒麟可生育得子。中国民间流行的麒麟送子传说由来已久。这个作品顶部由四只草编的菱角构成，中间是三层花，下面就是三角形的菱角串，象征着人们对美好事物的向往。

四、麒麟宝莲灯（图3-14）

图 3-14　麒麟宝莲灯

作品名称：麒麟宝莲灯

设计说明：麒麟作为民间流传的传统祥兽之一，象征吉祥长寿。而麒麟的形象在很多领域内都得以广泛运用，如建筑、装饰等。云南地区尤其常见，门口石雕、门边装饰等，无不透露着云南各民族对麒麟的独特信仰。莲花素来与佛教有关，也可以说莲花是佛的象征。在风水上，也有很多关于莲花的传说。二者的结合，传达出平安吉祥的寓意的同时，也对造型提出了新的要求，为作品制作带来挑战。此作品耗时近一年，制作者也对此投入了大量的精力与情感。

五、莲花（图3-15）

图 3-15　莲花

作品名称：莲花

设计说明：该作品灵感源于莲花。莲花是象征平安吉祥的植株之一，也是佛教文化的代表之一。莲花草编菱角用串联手法将菱角穿接成为莲花的造型，并以菱角流苏作点缀，象征吉祥如意。莲花在整体造型与配色上在参考生活经验之外，也有新的见解。

六、五角绣球（图3-16）

图 3-16　五角绣球

作品名称：五角绣球

设计说明：五角绣球菱角是由三角菱角演变而来的，而五角绣球是以五角菱角为基本单位拼接而成的作品。作品形态与构造灵感来源于民间关于绣球的历史渊源与文化底蕴。在古代，富贵人家为适龄大家闺秀招婚所使用的便是绣球。绣球蕴含中华近千年的婚嫁文化以及婚俗传承，是民间很常见的艺术形态之一。五角绣球菱角就是将绣球和菱角结合在一起，组生新的形态，赋予绣球新的生命力。

七、筷篓（图3-17）

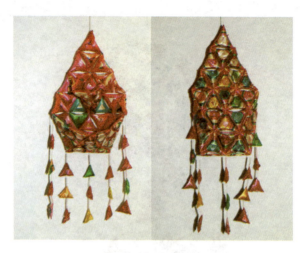

图 3-17　筷篓（左正右反）

作品名称：筷篓

设计说明：筷篓菱角造型灵感来源于生活用品——筷篓。筷篓是经过一代代人的经验总结才发明出来的，最早的材料是竹子。筷篓菱角的配色取自民间，鲜艳欢快。

八、小绣球（图3-18）

图 3-18　小绣球

作品名称：小绣球

设计说明：灵感来源来自绣球。

九、大花篓（图3-19）

图3-19　大花篓

作品名称：大花篓

设计说明：该作品造型灵感源于生活用品花篓。而又与花篓有所区别，在花篓的基本造型上加了菱角串联而成的流苏，灵动飘逸。

十、灯笼（图3-20）

图3-20　灯笼

作品名称：灯笼

设计说明：该作品灵感源于灯笼，且是方形灯笼。灯笼菱角在灯笼的基本造型上做出拓展，饱满又不失延伸感。

十一、大灯笼（图3-21）

图 3-21　大灯笼

作品名称：大灯笼

设计说明：该作品灵感来源于灯笼。

十二、小灯笼（图3-22）

图 3-22　小灯笼

作品名称：小灯笼

设计说明：该作品灵感源于灯笼。

十三、大船（图3-23）

图 3-23　大船

作品名称：大船

设计说明：该作品灵感来源于船，而作品除了呈现船，还将人的元素加进了创作，分别在船的两端各加了一个坐着的人，还在船底加了菱角流苏。

十四、帽子（图3-24）

图 3-24　帽子

作品名称：帽子

设计说明：该作品灵感来源于帽子，且是少数民族的帽饰。

十五、小碗篓（图 3-25）

图 3-25　小碗篓

作品名称：小碗篓

设计说明：该作品灵感来源于我们生活中的碗篓，而作品除了呈现碗篓，还进行了创作，在碗篓的底端加了菱角流苏。

十六、小鱼（图 3-26）

图 3-26　小鱼

作品名称：小鱼

设计说明：该作品灵感来源于生活中常见的鱼，而作品除了呈现鱼，还进行了创作，在鱼底端加了菱角流苏，红色、黄色、绿色、粉色搭配，给人眼前一亮的感受。

十七、小船（图3-27）

图3-27 小船

作品名称：小船

设计说明：该作品灵感来源于船，而作品除了呈现船，还进行了创作，在船底也加了菱角流苏。

十八、小花篓（图3-28）

图3-28 小花篓

作品名称：小花篓

设计说明：该作品造型灵感源于生活用品——花篓，而又与花篓有所区别，在花篓的基本型上加了菱角串联而成的流苏，灵动飘逸。

十九、大绣球（图3-29）

图3-29　大绣球

作品名称：大绣球

设计说明：该作品造型灵感源于生活中的绣球。在绣球的基本造型上加了菱角串联而成的流苏，灵动飘逸。

第四章　草编菱角的现状

第一节　草编菱角的调研基础

在中国的西南边陲，有一片神奇的土地，它的名字叫云南。在云南有十八怪，"摘下草帽当锅盖"便是其中一怪。云南竹林较多，因此许多用具都以竹子为原料，而锅盖就形似于斗笠，只是顶略小一点，便于抓拿。用草帽做锅盖，透气保温，做出来的饭更加清香，云南此类草编工艺历史悠久，并且深深植根于民间。在昆明呈贡，曾有一种特殊的草编流行于民间，这种草编叫作菱角，菱角编制是非物质文化遗产的一种，本章将全面客观地简述草编菱角调研的目的、背景，并根据实践经验，对菱角做出准确的解释。

一、为什么进行调研？

调研是调查研究的简称，指通过各种调查方式系统客观地收集信息并研究分析，调研为设计提供准确的情报资料，是设计最初最基本的步骤，是推动设计项目发展的驱动性要素之一。调研能够给你方向，让你知道什么才是重点，同时也能决定最终结果的品质。简而言之，调研工作做得好，就能创作优秀的调研作品。开始一个设计工作前，首先需要考虑从何处获得能帮助你做出设计创意的相关信息，调研则是获得这一信息的重要途径。关于非物质文化遗产的调研，可以让我们更深入了解非物质文化遗产，让非物质文化遗产更好地传承下去，并在传统的非物质文化遗产的基础上进行设计创作。通过一次非物质文化遗产活动，我们可以了解到云南民族非物质文化遗产的相关内容并领略到云南传统手工艺的独特魅力。我们通过和老师们的学习，发现草编菱角是一件可以静心的事情，想要做一件作品需要以沉稳、认真的心态去做，不能浮躁，需要脚踏实地，做人做事亦是如此。我们不能只是认识草编菱角的外表，更要进一步深层地去感受它的内在。草编菱角是云南呈贡特有的手工艺品，我们通过对草编菱角的调研和深入学习，激发了对草编菱角的学习兴趣。

二、调研背景

草编菱角是云南呈贡一种历史悠久的民间手工艺术，作为劳动人民表现生命意识、抒发生存感受、寄托人生希望与追求的一种文化形式，已被列为云南非物质文化遗产。草编菱角在云南传统民间工艺美术史上占有重要位置。上百年来，民间草编菱角以莲花灯、麒麟送子、金鱼、绣球等不同的造型，融入人们的现实生活之中，记录着这一地域的历史和人民群众的生活，形成一种老昆明印象。

原生态草编菱角传承人可以分为两个类型：一是原生态草编菱角，这部分多由老年化的手工艺人组成，是草编菱角主体；二是传统型草编菱角，中年人居多，在传承中有新突破，在创新中体现个性艺术特点。目前，传统手工艺在现代技术的发展和变迁中遇到了种种生存和发展的危机，比如草编菱角编制工序繁多，劳动输出与经济收入不成正比。

进入新时代以来，作为自然经济产物的传统民间手工艺，受到了市场经济的强烈冲击。随着经济社会的不断发展，科学技术日新月异，人们的思维观念和审美情趣也发生了重大变化，草编菱角艺术等一些非物质文化遗产项目受到了前所未有的冲击，加之存世手工艺人的日渐减少，草编菱角艺术正面临着人亡艺绝的严峻形势。近年来，在政府的关怀重视和有关部门的大力支持下，民间草编菱角这一传统艺术又逐渐活跃起来。

第二节 草编菱角的现状调研准备工作

作为云南省非物质文化遗产的重要组成部分，草编菱角编制技艺贯穿了呈贡区下可乐村人民的生活，但是由于社会和经济等因素的冲击使得这项技艺已经几近失传，非物质文化遗产的保护迫在眉睫。所以我们决定利用这次的机会，运用全新的方式将这一传统艺术结合现代艺术，诠释出它全新的面貌和可能。

2017 年 9 月 30 日，云南艺术学院设计学院于昆明市呈贡区人民政府，正式与区文体广电旅游局签订"2018 创意呈贡"特色文化主题创意活动协议，并就在设计学院建立"呈贡区文化人才协同创新培养示范基地"达成一致，确定互相挂牌。这标志着设计学院 2018 年新一轮特色文化主题创意活动的正式启动。创意呈贡方案一经提出，我们便明确了本次调研的方向，从而开始展开调研。

一、前期准备

本次调研主要研究的是云南省呈贡区的草编菱角，我们通过网络查询对菱角作品进行初步认识，其次是书籍资料的查询。运用纵览与观察的方式我们发现，在我们的调研之前，云南艺术学院学院的学生也有过类似调查了解，但主要的方向是云南省的非物质文化遗产，所以关于菱角的资料可谓是凤毛麟角。另外就是中央电视台、云南卫视、昆明电视台对此非物质文化遗产有过专栏节目播出。但是具有一定规模和完整性的菱角作品却屈指可数，作品的表现形式和色彩运用一直没有实现突破性进展。为了能深入了解云南传统工艺草编菱角，使其资料能够更加完善和具有权威性，我们为此制订了调查方案。首先就是要进行实地调研并与传承人取得密切联系，为此我们还设计并制作了调查问卷和记录手册。通过网络查找和询问相关老师，我们得到了菱角传承人李留美的联系方式和居住地址。通过电话联系我们与李留美女士取得了联系，并约定在云南省呈贡区斗南镇下可乐村她的家中进行访谈。

二、初级调研

根据网络查询获得的第一手资料，不论是文字还是图片都寥寥无几，这对我们的后续的工作来说，绝对是远远不够的。我们还需要获取更多有利信息，做足准备工作，根据访谈需要我们准备了记录手册、手机、相机等便携式工具以便到下可乐村考察时可以完成手写记录、手机录像录音，拍照记录的工作。有前期准备工作作为铺垫，我们了解到可乐村分为上可乐村、下可乐村，农户住房以砖木结构为主，该村以汉、傣族为主（是苗族、壮族混居地），该村目前正处于发展阶段（图4-1）。

（1）

（2）

图4-1　可乐村实拍

　　按照约定的时间，我们小组派出六人驱车同往呈贡区下可乐村，当我们到达可乐村村口时，一块巨大的石头屹立在村口右侧，工整的红色字体刻于石体正中央。

　　我们一路直入可乐村，村民的住宅不再以砖木为主要结构，大多以钢筋混凝土结构或者是砖墙连接结构为主。

　　当然也有以前的土造结构房屋，由于年代久远，这类房屋均挂上了危房的蓝色警示牌。

　　拍摄照片和手机录像录音都是高效快捷的记录方式，这样可以直观地反映出我们在初级调研阶段所得到的信息和成果。

三、二级调研

　　在此阶段调研时，图书馆给我们提供了丰富的文本资源，不论是关于设计调研类型的书籍，还是本学院前辈们出版的设计类书籍都对我们的工作展开起到了极大的作用。但是仅有文字资料是不足以说明一切的，我们必须尽快与李留美女士接触，获得更加具有说服力的第二手资料。我们带着提前设计好的调查计划和调查问卷抵达可乐村，由于是第一次去可乐村拜访李留美的家，所以我们一路上询问村民路线。这里的村民很是和善，一路上与我们谈笑风生，并亲自带领我们到达李留美的家。

第三节　调研主要研究方法与受众研究

一、主要研究方法——定量研究

这一节我们分别使用定量研究和定性研究相结合的方法展开调查，一方面是为了我们后续工作提供创作方向和创作思路，另一方面则是为了使数据更加严谨，增强我们调查结果的说服力。

为了能够加深我们对目标受众的认识，我们选择先采用定量研究的方法对目标受众先有一个初步的认识，并且整理出来符合这一研究方法的问题提出和问题选项，制作成调查问卷，然后通过网络问卷调查收集到了 134 份调查问卷，并进行了数据分析，生成如下报表。

关于云南省昆明市呈贡区非物质文化遗产调查问卷

Q1: 您的性别

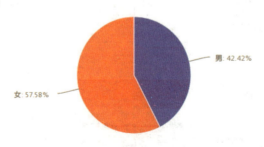

男: 42.42%

女: 57.58%

选项	回复情况
男	56
女	76

回答人数 132

Q2: 您的年龄

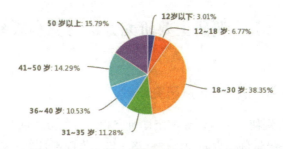

选项	回复情况
12 岁以下	4
12~18 岁	9
18~30 岁	51
31~35 岁	15
36~40 岁	14
41~50 岁	19
50 岁以上	21

回答人数 133

Q3: 您的文化程度

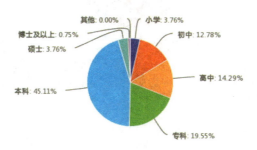

选项	回复情况
小学	5
初中	17
高中	19

选项	回复情况
专科	26
本科	60
硕士	5
博士及以上	1
其他	0

回答人数 133

Q4: 您的职业是

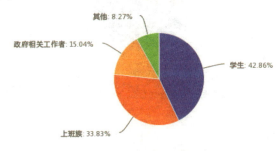

选项	回复情况
学生	57
上班族	45
政府相关工作者	20
其他	11

回答人数 133

Q5: 你是否为云南籍人

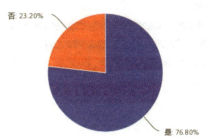

（续　表）

选项	回复情况
是	96
否	29

回答人数 125

Q6: 您对云南省的非物质文化遗产有了解吗？

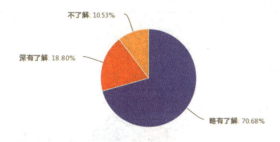

选项	回复情况
略有了解	94
深有了解	25
不了解	14

回答人数 133

Q7: 您对以下云南省的非物质文化遗产了解哪些？

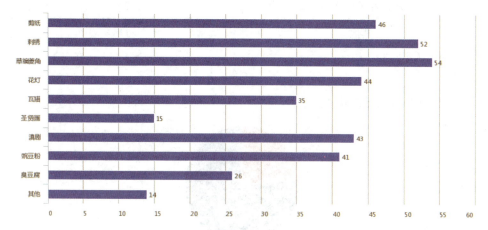

选项	回复情况
剪纸	46
刺绣	52
草编菱角	54
花灯	44
瓦猫	35
圣贤画	15
滇剧	43
豌豆粉	41
臭豆腐	26
其他	14

回答人数 133

Q8: 您知道云南省昆明市呈贡区的非物质文化遗产中的草编菱角吗?

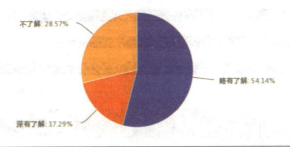

选项	回复情况
略有了解	72
深有了解	23
不了解	38

回答人数 133

Q9: 您周围有从事菱角编织工艺或是菱角保护、宣传的工作的人吗？

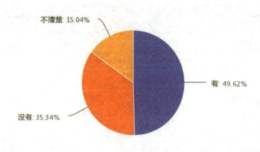

选项	回复情况
有	66
没有	47
不清楚	20

回答人数 133

Q10: 您是通过什么方式了解到草编菱角的？

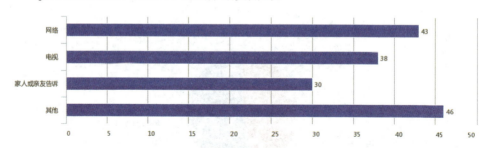

选项	回复情况
网络	43
电视	38
家人或亲友告诉	30
其他	46

回答人数 132

Q11:7. 您了解到的草编菱角都有哪些颜色？

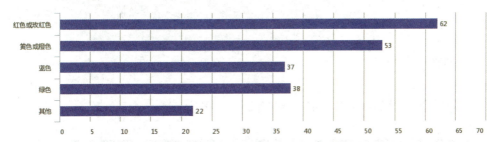

选项	回复情况
红色或玫红色	62
黄色或橙色	53
蓝色	37
绿色	38
其他	22

回答人数 132

Q12: 您知道的草编菱角都有哪些基础形状？（多选）

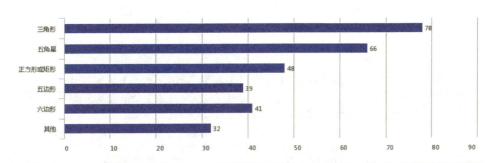

选项	回复情况
三角形	78
五角星	66
正方形或矩形	48
五边形	39
六边形	41

选项	回复情况
其他	32

回答人数 133

Q13: 您知道的草编菱角都有哪些作品？（多选）

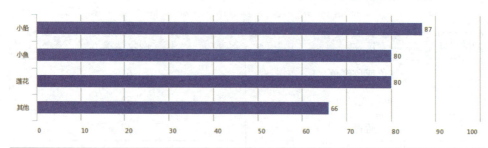

选项	回复情况
小船	87
小鱼	80
莲花	80
其他	66

回答人数 132

Q14: 那您觉得草编菱角还可以延伸出哪些创意作品呢？（可简答）

答案	回复情况
教科书、学校、教育、学生课程	18
广告	3
旅游景点	4
家庭、家庭装饰、挂帘、风铃、与生活有关的	7
周围环境、街上	4
画、动画、装饰画、菱角画	5
包包、服饰、头花	5
动物、植物形态的作品，虫鸟树花，枪	4

答案	回复情况
太多了	2
不知道、没见过	3

受访人数 55

Q15: 您认为在学校或居民社区开展草编菱角的传承与保护活动有必要吗？

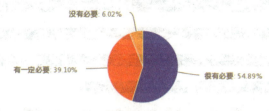

选项	回复情况
很有必要	73
有一定必要	52
没有必要	8

回答人数 133

Q16: 您觉得政府应该给予怎么样的政策保护？

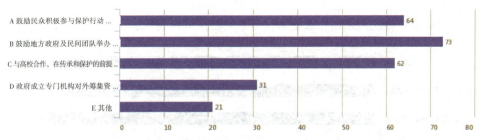

选项	回复情况
A 鼓励民众积极参与保护行动，并给予奖励	64
B 鼓励地方政府及民间团队举办非物质文化活动，加大宣传力度	73
C 与高校合作，在传承和保护的前提下创新，提升附加值	62
D 政府成立专门机构对外筹集资金	31

（续　表）

选项	回复情况
E 其他	21

回答人数 134

Q17：在宣传方面，您赞成怎样的方式去宣传草编菱角？（多选）

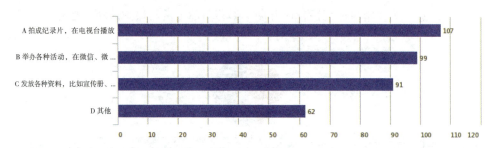

选项	回复情况
A 拍成纪录片，在电视台播放	107
B 举办各种活动，在微信、微博上实时更新	99
C 发放各种资料，比如宣传册、海报等	91
D 其他	62

回答人数 134

Q18：您觉得应该采取什么措施使得草编菱角更好地传承发展下去？（多选）

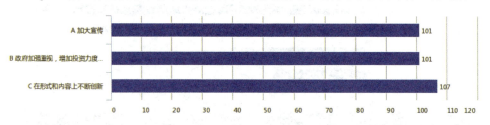

选项	回复情况
A 加大宣传	101
B 政府加强重视，增加投资力度	101
C 在形式和内容上不断创新	107

回答人数 134

Q19: 您认为草编菱角面临消失的原因是什么？（多选）

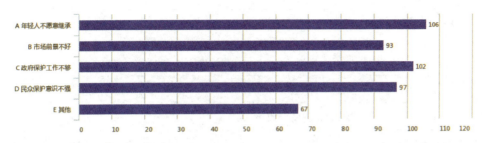

选项	回复情况
A 年轻人不愿意继承	106
B 市场前景不好	93
C 政府保护工作不够	102
D 民众保护意识不强	97
E 其他	67

回答人数 134

Q20: 您觉得当前草编菱角保护面临的最大问题是什么？（多选）

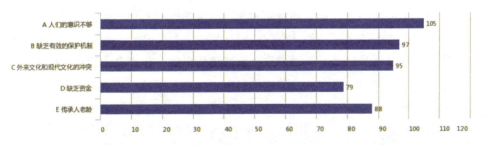

选项	回复情况
A 人们的意识不够	105
B 缺乏有效的保护机制	97
C 外来文化和现代文化的冲突	95
D 缺乏资金	79

（续　表）

选项	回复情况
E 传承人老龄	88

回答人数 134

Q21: 您对非物质文化遗产草编菱角的保护有什么看法？（可简答）

答案	回复情况
法律保护、制度、政策	24
宣传、加大宣传	15
课程、多让年轻人学习、提高下一代人对它的兴趣很重要	3
继承、创新	4
好样的	2
这是整个中国民族传统文化衰弱的一部分	1
可惜	1
没有看法	2

受访人数 52

通过调查显示，菱角作品的形式和色彩搭配一直没有进展性的突破，我们所设想的创作是全新的表现形式和材料选择，力求能做到与众不同，并且在保留云南非物质文化遗产的同时又能结合创新设计理念，打造具有云南艺术学院特色的设计作品。能够打乱目标受众的期许，保证使用者绝对的安全的前提下向他们展示一些原创的、和他们至今为止的体验都毫不相关的东西。力求改善其用途，拓宽其需求领域。

经过上述研究我们大致对菱角有了方位性的了解并为它总结出来以下拓展方向：

①菱角的运作方式：旧时村子里贫困，孩童们没有玩具，当孩子们哭闹时，大人们就做菱角作为孩童的玩具，以此来哄他们开心。后来乡民们多在节庆时将其悬于门首，以此祈祷吉祥。菱角做的多时也有人会拿到大理地区去售卖，菱角被鸡足山的和尚买下，挂到了寺庙里。或者是在集市上摆摊售卖，后来随着国家对非物质文化遗产项目的重视，非物质文化遗产展览相继开展，人们开始着力于宣传和弘扬传统手工艺，便拿到了展览会上，摆在展台上售卖。

②菱角的力量来源：人文情怀的体现和世代相传的延续。记得李留美女士还提道："老母亲留下的手艺，舍不得丢。"这句话看起来微不足道，却饱含了李女士对母亲的无尽思念与不舍。

③菱角功能性的实现：精神寄托。

④物理结构：棉线或者铁丝串联。

⑤平面元素：三角形和五角星。

以上的分析结果为我们而后的设计创作从选材用料、制作方式、表现形式以及对我们的创作所想要赋予的情感产生了巨大改变和灵感来源。

二、受众研究

我们使用了多种方式来开展受众调研，其中包括一对一访谈到焦点小组再到受众测试。我们认真地选择将要与之进行互动的人群，仔细研究了可乐村人口特征，并选出最佳的代表人选——李留美。

通过合适的形式进行调研使得我们对于受众的了解更加快捷和全面，扎实的受众调研有助于我们获得客户的信任。

（一）接触受众

当我们驱车到达可乐村时，我们发现这里的村民很和善，比如说只是简单的问路或是闲聊，他们都显得十分热情。也许是因为我们提前预告了我们的调研目的，当我们给他们拍照时，他们并不十分抵触，年纪在花甲的老人们对我们的相机表现出喜爱之情，很乐意被我们拍摄。这里的村民还很随和，稍微年轻的人便会在拍摄时问上一句"会不会上电视？"当我们到达李留美家时，李女士对我们的到访并不排斥，对我们很热情，或者可以说有些习以为常，可能因为经常接受类似的调研活动。

（二）参与性与非参与性观察

参与性与非参与性观察通常被应用于社会学领域，但它所提供的技巧对我们这次的调研可谓是功不可没的。我们与李留美交谈甚欢，谈笑之余我们向她请教了菱角的编制要领。菱角的编制主要在于工整的重复对叠和染色工序，虽然这些看起来是最基本的工序，但每一步都是十分有讲究的，这不得不让我们惊叹于这项人类伟大的智慧结晶。

参与性观察只是我们开展的一小部分，我们对可乐村的村民也展开了非参与性的观察。比如说当我们问询他们草编菱角的时候，大多数村民都是能说出一二来的，但对于菱角的传承和弘扬似乎没能激发他们更多的热情。对于传承和保护菱角手工艺，他们显得有些身不由己和有心无力，所以我们精心设计了调查问卷，渴望能从新的、更广阔的领域寻求到这些隐晦的原因。

（三）调研调查

调研中的调查重点是放在受访者的观点和品味上，倾向于收集数据和特定人群的规模并且将收集到的信息按类别进行细分，这也是我们调研过程中关键的部分。现如今国家对非物质文化遗产高度重视，我们不仅仅需要从成年人入手，还要对未成年人也进行调查了解，毕竟他们才是未来祖国事业蓬勃发展的希望。

调查问卷关注的是一种以匿名的方式来收集事实，无法将受访者的观点全面地表达和阐述，特别是未成年人，我们与其社会圈子相差甚远，无法触及他们对于非物质文化遗产最真实的想法和感知。所以我们在实地考察时，既对村民进行访问又选了一些小学生进行访谈。我们还考虑到提出的问题不仅仅限于菱角编制，还得上升到一些非物质文化遗产方面的问题。从根本上找寻原因，方便为我们检视后续的设计作品做足准备。

（四）调查过程

我们明确了受访的主要对象为李留美女士和随机抽取的下可乐村村民，并分析出他们的共同特征。我们发现可乐村的村民都很和善，有问必答。这给我们设立问题和确立询问方式减少了不少困难。最终我们决定以一对一轻松愉悦的方式对李留美女士进行访谈，再由一名组员进行访谈记录，另一名组员进行拍照和数据整合。村民的部分则派出四名组员（以一位进行提问，一位拍照，一位访谈记录，一位处理其他情况的分工形式）对村民进行随机采访。但由于时间和地点的限制，对于小学生的访谈，我们只能采取就近原则，选择了距离我们较近的下庄村小学。

（五）调研访谈

李留美女士在访谈中，对于我们所要探知的问题进行了更加深度化的回答。李女士平易近人，对我们访谈很热情，谈吐之中很有自己的想法，尽力将自己知道的和自己的感受都告诉了我们。对于我们所提出的构想，李女士产生浓厚的兴趣，渐渐放下提防与我们畅谈，还表示希望与我们资源置换，有更多机会和我们交流学习。

（六）李留美的访谈记录

您好，李女士，我们是刚才给您打过电话的云南艺术学院的学生，很高兴你在百忙之中能抽空配合我们的访谈。

我：能麻烦您在后面的访谈中尽量使用普通话可以吗？

李：可以是可以，但我的普通话不好。

我：没事没事，主要是我们要对您的访谈进行记录，所以只能麻烦您用普通话，没事我们能听懂的。

我：您有没有信仰哪个宗教呢？

李：我信佛教。

我：那您读书是读到什么时候呢？

李：我读到高中。

我：除了菱角编织技艺传承以外，还有别的职业吗？

李：有的嘛。

我：那您还有什么职业呢？

李：盘地噻。

我：嗯？

李：种地，种地，还有打工。

我：哦，好的好的。

我：那我们还想请问一下菱角编织除了您还有人在学习或是从事这一工作吗？

李：没有了，只有我会做了，后继无人了。

我：那家里的子女有没有向您请教过呢？

李：没有，都是小男孩，不愿意学，而且都有自己的工作。

我：除了您的子女，您的亲戚有学的吗？

李：有两个侄女但是都有工作，儿媳妇也有工作，忙不得学。

我：那除了您的亲属以外，还有别的人跟您学吗？

李：有几个村里的娃娃是我的学徒。

我：那做菱角编织都是女性吗？

李：嗯，多数都是女性。

我：那是有什么讲究吗？是有规定只能女的学，男的不能学吗？

李：不是不是，男的不爱（不愿意）学，农村里么这种属于一种针线活了嘛，男的么就不愿意学了嘛，所以多数都是女的会。

我：那草编菱角有没有什么寓意呢？

李：就是挂着祈福了嘛。

我：那您知不知道关于这个菱角编织相关的文献记载？

李：没有，就是祖祖辈辈用口传下来的。

我：那从您有记忆以来，除了祖祖辈辈都在做菱角编织以外，还有哪些其他的记忆点呢？

李：我就记得我们小时候星期六星期天背着去村子里面卖，走村串寨地叫卖了嘛，现在这几年，小娃玩具也多，发展也好了，也就不去卖了嘛。现在一般没有人做（菱角）了，只是端午前后，要是做得多了嘛，周边的州县、村子啦就来批发回去卖。不过我们自己现在都不怎么卖了，除非是做的多，有多余的么就批发给他们去卖。毕竟现在材料又紧张，没有多少材料做，我们现在就是做了搞搞宣传了，像他们搞点什么活动啊，做点什么展出啊，开什么会啊来邀请我们么，我们就去帮他们做做宣传，拿着我们编的这些摆着给大家看看，欣赏下啊。

我：那您在传授他们菱角编织的时候有没有什么窍门呢？比如说有没有什么具体步骤，第一步做什么，第二步做什么之类的？

李：第一步么肯定是挑（收割）草（麦秆）了嘛，先去把草（麦秆）挑（收割）回来，把它切成一节一节的，再拿水泡，泡软了以后把它撕开，撕直了以后染色，然后就编成三角形，再拿线串起来，串成各种形状。

我：串成想要的形状差不多就完工了是吗？

李：对。

我：那传统菱角基础造型与现在的一样吗？

李：最基本的就是三角形了嘛，还有五角星，只是拼制的造型不同。

我：那菱角一般出售价格为多少？

李：根据这个造型不同大小不同，价格也不同，小的一般为五块十块，大的甚至到上百上千的都有。但是大的花的时间太长了，坐不住。

我：那菱角一般使用的是哪些颜色呢？

李：菱角主要就是要颜色鲜艳，红、黄、绿为菱角颜色的基础色，除此还有很多的颜色，其余的颜色都可以自己调色和配制。

我：那编织完以后用什么进行固定呢？

答：大型的用铁丝、小的用棉线串起来就可以了。

我：那您的菱角作品上的这些塑料管的用途是什么？

李：用来保护那个线了嘛，之前是用的是大麦秆，但是大麦秆太容易开裂了，就用塑料管代替。

我：那您觉得您现在的编织水平是不是已经达到很高的层次了？

李：嗯，可以这么说。

我：是否还有晋升的空间呢？

李：有有有，都是在学习阶段。

我：就是经过这短暂的相处，我也觉得您挺热爱学习和研究菱角的。

李：嗯，都是希望学习研究能进步嘛！

我：那菱角的形状你是怎么想到的呢？或者说您的灵感来源是什么？

李：像这些小船啊，小鱼啊，小莲花啊，多数都是祖祖辈辈就传下来的了，像大的这些莲花啊，就是后期我自己想象着创造出来的。

我：那在教授学生编织的时候，您是全部相授呢还是有所保留？

李：只要他们愿意学嘛，肯定全部都传授给他们。

我：就是十九大之后国家加大力度推进中华传统文化传承嘛，那您有没有过在一些院校进修学习这些的经历呢？

李：进修倒是没有，只有每年会组织一次传承人培训，就是这些传承人在一起介绍下自己和自己培训的情况啊，讲讲传承的这些和有多少弟子啊，大家交流下经验，好的地方大家相互学习啊。

我：那像上次听您说您在圆通寺，那是参加什么活动呢？

李：哦，在圆通寺那里，他们那个樱花节。

我：那除了您还有其他方面的传承人去吗？

李：多呢，有一二十个传承人呢，有剪纸的、做银器的、捏面人的，还有那个做吃的豌豆粉啊，臭豆腐啊，反正就是邀请到的传承人都去了。这次活动就是省里面（云南省）和市里面（昆明市）组织的传承人宣传活动，比如说有什么活动么，他们邀请哪些去哪些就去了嘛。还有就是像上次那个"二月龙抬头"，我们就是被邀请过去，不一定是全部去，像他们这个传承人项目需要这几个，那这几个就去，邀请到哪几个，哪几个就去这样。

我：那除了这种政府组织或是社会组织，您自己有没有出外去传播过咱们这个菱角文化呢？

李：我独自去就是每个星期去小学里给二三年级的小娃他们上一节课，就是那个"非遗进校园"了嘛，每一次都是我独自一个人去。

我：那相较于您妈妈或是祖母辈，您觉得您的作品有哪些进步或者是创新？

李：反正是比她们那时候品种多，花样多了嘛，像我有点文化呢就是想怎么做怎么做，看见什么都是能做得出来，她们就是靠老的传下来的做做。

我：那您的作品有没有拿去参加省级或者市级的一些重大的展演活动？

李：参加了嘛，前几年倒是都参加，比赛呢就只参加过一次，农民工大赛，那次去拿了三等奖。

我：那呈贡区现在菱角编织就您一个人了吗？

李：年轻点的就只有我了，老的倒是还有几个，她们都是老了就在家里做做批发给别人去卖了。

我：那您在跟其他方面的传承人交流的时候您觉得他们是怎样看待菱角编织的呢？

李：他们就是觉得经济价值太低了，像他们那些捏面人啊，卖吃的那些，他们有收入，像我们就是属于非物质文化遗产，非物质么，经济价值低，材料又难找，又没得人肯学。

我：那您做菱角和带着它们去宣传的时候，政府有没有一些补贴呢？

李：有的，政府有补贴的，一般像你们学生来学，我就是义务的尽力地教你们，像他们邀请去教么就有补贴了。

我：好的，非常感谢您的配合！

（七）随机选取的三位不同年龄阶段的可乐村村民访谈记录

当我们从李留美家中出来时正好看到几个老人正在聊天，便走上前去与她们交谈，渴望得到一些对我们有利的信息（图4-2）。（以下李奶奶为李，王奶奶为王，郭奶奶为郭）

图4-2 与老人访谈

我：奶奶你们好，你们在做什么呢？

李：我们在这里玩，聊聊天。

我：是这样的，我们呢是云南艺术学院的学生，因为正在写毕业论文所以过来你们村调研，那我们想问您几个问题可以吗？

李：什么？（老人年事已高，有点耳背）

我：我们是学生，学校让我们来采访你们，完成我们的作业。

李：哦，好的好的，你们采访嘛。

我：奶奶，请问您今年几岁了？

李：90了。

王：我小着她点，87了。

郭：我比她们都大，我93了。

我：哇，你们都是高寿了呀，看你们身体还很健朗，你们以前是做什么的呢？

李：我们几个年轻时候就是种种地，买买菜么。

我：那您知道菱角吗？

李：知道的。

我：那您会编吗？

李：会的。

我：您会编呀，那您现在还在编吗？

李：现在不怎么编了。

我：为什么不编这个了呢？

李：一是编这个赚不了多少钱，另外就是人老了，看不清了。编一个要的时间长，眼睛太花了，受不了。还有就是这个麦秆会划到手，要疼好几天才会好，慢慢的也就不想编了。

（李大叔）

我：你好，我们是云南艺术学院的学生，因为正在写毕业论文所以过来你们村调研，那我们想问您几个问题可以吗？

李：可以，问吧。

我：请问您今年几岁了？

李：45。

我：那你现在在哪儿工作呢？

李：我就是跟人家打打工。

我：那您知道菱角吗？

李：知道。

我：那您会编吗？

李：不会。

我：那您有没有考虑过去学一学呢？

李：没有，这些都是女人家才弄的，有些老人会拿去卖。再说又赚不到钱，难卖呢，糊不了口。没有时间学，有时间么肯定是来这里打牌了。

我：那你知道菱角是云南省非物质文化遗产吗？

李：知道。

我：那您考虑过把这个技艺让您的孩子或家人去学习，让它传承下去吗？

李：没必要吧，又赚不着钱，而且我的孩子读着书，读书才有出路，不要搞这些，没得用。

（吴同学）

我：你好，我们是云南艺术学院的学生，因为正在写毕业论文所以过来您村调研，那我们想问您几个问题可以吗？

李：可以的。

我：你今年多大了？

吴：我17。

我：那你知道菱角吗？

吴：知道，怎么了？

我：是这样的，我们这次调研的是云南传统工艺草编菱角，所以想通过采访你使我们的调研更完善。

吴：原来是这样。

我：那你会编菱角吗？

吴：以前会，现在不知道了。

我：就是说您还是比较了解菱角的，那你是怎样接触到菱角的呢？

吴：我奶奶会编这个，就知道点。

我：那你怎么没有继续学了呢？

吴：我读着书，没有那个时间去学，再说看我奶奶一坐一下午，我倒是坐不住。一开始好奇学了下，但是没有那个精力，我属于做事情三分钟热度的那种。后面不编，都快忘记怎么编了。

我：那你知道菱角是云南省非物质文化遗产？

吴：知道，学校老师讲过这种。

我：那你有没有想过把这项技艺传承下来呢？

吴：应该没有那个时间，最多就是当成兴趣爱好去学学，传承的话我肯定做不到了。而且有时间肯定都忙着打游戏了。

我：那你觉得菱角作品符合你的审美吗？

吴：还行吧，因为我不太喜欢那种花花绿绿的东西，看我奶奶编的，感觉太花哨了。

（八）随机抽取的村民与社会背景

经过调查我们发现可乐村的村民大多以种地为生，还有的会到安宁晋宁等地与人合资包地种，还有的年轻人不甘于局限在小村子中就会到昆明城里或是外出打工谋生。年纪稍大些的村民呢，就会在自家门口开一间小卖部或者快递店，闲暇时就约上几个好友打打牌，打打麻将，聊聊天。

（九）菱角的符号语言学

在读图时代，图形语言高度发展的今天，图形身兼数职，它既是一类独立的艺术，又在设计中大有用武之地，既能充分满足艺术的种种审美要求，又能解决信息、技术、学习、生活及大众传播的需要。

菱角所采用的基础图形为三角形，三角形本身具有坚毅、稳定之感。中国上下五千年，自古都是男性唱着社会主角，比如宋词中，男人笔下描写女人的很多，而女人作的词却很少。那是一个男权的社会，女人离开了男人就没有了依靠，所以男人描写女人大多是闺怨离愁。而女人自己作的词却完全不是那个样子。中国女子自古都有着刚毅的气节，虽然女人多半是依靠男人维持生活，但农家的女子自古都是一个家庭的主要经济来源。就拿菱角传承人王桂英来说，为了维持一个家庭的生活，编织大量的菱角到远处换钱养家，直到后来菱角销量堪忧，也就不得不放下手里的菱角，为生活和子女四处奔波，谋生路。而在生活慢慢有了起色，子女生活稳定之后，慢慢又捡起了手中的菱角。中国女子一直都不是男人的附属品，小小的三角形菱角不仅仅是沿长条直线折叠所致的结果，更是中国那农家女子坚毅的性格里的丝丝隐忍和默默付出。

图形可冷可热，而且形、情、意结合，就好比菱角中还常常运用到的五角星形状。五角星是由10条边围起来的图形，共5个角，内角和是180度，呈辐射状，正因为五角星这种形状，给人们权威、公正、公平的印象。五角星形状是起源于公元前四千年前巫术中使用的五角形护身符，这是世界上最早的符号之一。符号在不同的环境下表示的意思也不一样，五角形主要是一种有关自然崇拜的符号。古人认为世界由两部分组成——一半雄性，一半雌性。这个五角形代表万物中阴性的那一半——一个宗教史学家称为"神圣女性"或"神圣女神"的概念。还有的解释为五角星象征维纳斯——代表女人和美的女神。从单纯的三角形逐渐衍生出五角星形状，体现的不正是农家女子坚毅性格中女子柔情温婉的一面以及对于美的追求和向往吗？

（十）案例分析

放眼整个中国以及国外，我们并没有查找到相关的草编菱角案例，但我们国家有类似的草编工艺制品非常值得一谈。早在 2016 年"中国梦·大国工匠"中国手工艺欧洲巡展，中国手工艺人黄强带去了中国龙、生肖、饰品挂件和摆件等羌族草编工艺品。极具特色的中国艺术立马俘获不少国外"粉丝"。在米兰和伦敦展出期间，羌族草编独特的工艺和艺术创意引起了意大利、英国当地相关人士和众多观众的关注，人们争相与黄强合影留念，并兴致勃勃地现场学艺。这门"神奇的东方艺术"，在国外，收获了意想不到的成功。目前，草编作品"中国龙"已被欧洲国家森林博物馆收藏。这一展览无疑为黄强、为羌族草编打开了一道新的世界的大门。不得不说中国的传统工艺在外国人眼里是非常惊奇的。因为他们的历史没有我们的历史悠久。他们走的是工业化道路，所以对我们的手工艺非常惊叹。体现我们民族文化的非遗项目需要走出去，让世界了解，让他们通过对我们的民族文化和手工艺的了解，来接受我们的草编产品。这样可能对草编的保护发展更有利。

在国外获得的成功让黄强更加坚定了对羌族草编的创新。如今，他的草编昆虫和生肖已突破 50 余个品种，草编戒指、冰箱贴、汽车挂件、钥匙扣等文创产品，迅速在年轻消费者市场中打开突破口。而除了开发产品，黄强同时不断培养草编传承人。从 2009 年开始，他在全县开设了 17 个培训基地，陆续培训了 1000 多名农户加入草编。通过配送原料、回收成品，学员中的 200 余人和公司长期保持加工合作。当地不少留守妇女、残疾人，都通过羌族草编的技艺，重新开始创造价值。黄强在采访中说道："原来我们的父辈做的这些手工艺实际上是非常好的。但是慢慢地，由于社会的发展和人们观念的转变，如果没有人去保护它，就有可能失传。另外，草编这种环保的非遗产品，我们也可以来动动手，提高生活的情趣，所以我才专职来从事这方面的工作。我们传统文化在传承的基础上，再开发、保护，这样才是有效的。我们也不能一成不变，必须要发展，要创新。现在我们的草编产品就比较多了，有作为装饰的摆件，也有实用的冰箱贴，也有日用品作为穿戴的，比如草鞋，还有用于观赏的艺术画等等。只要是和我们日常生活相关的产品，我们都在开发。材料也在不断拓展，原来是以棕榈叶为主，现在其他的材料也可以利用。我们把技艺和文化流传下来，然后再衍生，就扩大了它的市场面，这对于保护传统工艺文化是非常有利的。"

如今的羌族草编在四川省绵阳北川地区已经是一个生机勃勃的产业了。2008年，羌族草编还是一个岌岌可危、需要政府"抢救性"保护的一个项目。正是黄强的研究与带领，恢复了羌族草编以及草编艺人的生机，2015年，羌族草编被列入绵阳市第四批市级非物质文化遗产名录。现在，它自己具有极强的"造血功能"，在现代消费中，以自己古朴、原生态的特色赢得了市场高度认可，不仅为技艺本身，也为北川当地经济做出了不小贡献。羌族草编每月可以增加农民1000元左右的收入，每匹棕叶的价值可达到1元，而经过编织，进入欧洲市场则可以升到100元。

黄强还提道："现在羌族草编项目经过几年的发展已经到了生产性的保护阶段，主要分几个方面，一是结合扶贫，培训留守妇女掌握技巧，他们可以来加工草编产品，我们来回收。这样既解决了就业，又把我们的文化工艺传承下来。现在我们培训了有一万名留守妇女和残疾人朋友，在20多个乡镇建立了生产基地和8个合作社。我们要做一个东西，首先要认识到不是外界的力量迫使你来做这件事，而是发自内心的喜欢，出于一种责任感。这样再艰苦的时候都能挺下去，如果没有这个兴趣爱好，没有责任心去把这件事做好，在出现困难的时候，可能就会退缩，坚持不下去。然后才是对一个项目的敏感程度，要怎么发展，要走哪条路，做一点创作，从保护者和从业者来说，要有这方面的意识。这是我对'匠心'一词的理解。"

经历过几千年，如今的羌族草编比任何一个时期更加繁荣耀眼，古老技艺收获这样一个结局是令人欣慰而又庆幸的。古老技艺，现代匠心，需要坚守，更需要坚守后的创新。

黄强是个成功的先行者，他在非遗保护的过程中为众多濒临灭绝的项目做了个典型的示范——在传承传统的基础上，时刻与时代接轨，永远在创新的路上。

从上述的事例中我们不难看出，中国传统的手工艺在国际市场上的巨大潜力，从消费者的角度来说，这一手工艺在市场上的出现可以迅速吸引到年轻人的目光，其独特的造型特点和可运用的范围，都是足以打开年轻消费群体的利器。黄强的成功无疑给了我们将草编菱角传承和弘扬以巨大的信心和勇气。

第五章　草编菱角引入小学非遗教育的契合性

第一节　小学生对草编菱角的了解调查（调研数据）

小学生对草编菱角的了解调查——以与小学生的访谈调查为例（图 5-1）。

调查对象：一到六年级小学生

我：小朋友你们好，我们是前面云南艺术学院的大学生，我们在做一份调查作业，所以想要问你们一些问题可以吗？

女生 1：可以的，问吧。

我：你现在上几年级呀？

女生 1：一年级。

我：你知道草编菱角吗？

女生 1：不知道。

图 5-1　与小学生访谈

我：（给孩子看了菱角的图片）就是图片上的这个东西，它就叫草编菱角。是咱们云南呈贡区的非物质文化遗产。

女生1：我见过了，我奶奶家有。

我：那奶奶家的这个东西是长什么样的呢？

女生1：就是一个球的样子。

我：那它上面都哪些颜色呢？

女生1：红色、绿色、黄色，嗯……还有……白色。

我：那你知道非物质文化遗产是什么吗？

女生1：不知道。

我：那有没有一个奶奶来学校教过你们编织这个菱角呢？

女生1：没有。

我：那你现在看到这个菱角你觉得它除了可以做成奶奶家有的那种小球，还可以做成什么呀？

女生1：嗯……

我：你可以从你平时喜欢的东西或者平时喜欢玩的东西这些方面去考虑。

女生1：嗯。我觉得它可以做成风铃挂在墙上，因为我们家就有一个风铃。

我：那除了风铃还可以做什么呀？

女生1：还可以做……挂在书包上的东西。

我：哇，你的想法都好棒！谢谢你回答姐姐的问题。

女生1：不用谢。

我：小朋友你好，我们是前面云南艺术学院的大学生，我们在做一份调查作业，所以想要问你们一些问题可以吗？

女生2：好。

我：你现在上几年级了呀？

女生2：二年级。

我：那你知道草编菱角吗？

女生2：不知道。

我：（给孩子看了菱角的图片）就是图片上的这个东西，它是咱们云南呈贡区的非物质文化遗产，叫作草编菱角。那你知道非物质文化遗产吗？

女生2：不知道。

我：那有没有一个可乐村的奶奶过来教过你们编这个呢？

女生2：没有。

我：那也没关系，但是你要记住这是咱们云南呈贡区的非物质文化遗产，它叫做草编菱角，那你现在来大胆地设想一下，这个三角形可以用来做什么呀？

女生2：嗯……做花朵。

我：还有呢？

女生2：做花盆。

我：那做好以后你想给它涂上什么颜色呢？

女生2：花是五颜六色的，花盆是白色的。

我：嗯，真棒，那你的家里人有会编东西的吗？

女生2：我姐姐会编。

我：姐姐上几年级了呀？

女生2：读高中。

我：那她是用什么来编呢？

女生2：拿卡纸编（折）千纸鹤。

我：那你觉得姐姐做的这些千纸鹤可以用来干什么呀？

女生2：可以美化房间。

我：那你有没有向姐姐学过怎么折千纸鹤呢？

女生2：学了。

我：那你会教给其他小朋友吗？跟他们分享怎么折漂亮的千纸鹤。

女生2：我不会教其他小朋友，因为我还没学会。

我：小朋友你们好，我们是前面云南艺术学院的大学生，我们在做一份调查作业，所以想要问你们一些问题可以吗？

男生1：好。

我：你们现在分别上几年级呀？

男生1：三年级。他二年级。

我：那你们知道草编菱角吗？

男生1：不知道。

男生2：不知道。

我：（给孩子看了菱角的图片）就是图片上的这个东西，它就叫草编菱角。是咱们云南呈贡区的非物质文化遗产。不知道没关系，但是你们要记住这是咱们云南呈贡区的非物质文化遗产，叫作草编菱角。那你们现在来大胆地设想一下，这个三角形可以用来做什么呀？

男生1：做保龄球，就是给它贴成一个保龄球。

男生2：做五星红旗，因为我觉得它像我们班女生编的五角星。

我：那你们平时都喜欢玩什么呀？

男生1：打羽毛球，打游戏。

男生2：我也打游戏。

我：那你们的家里人有会编制东西的吗？

男生2：我家祖祖（太奶奶）会，还有我家的邻居也会，但是不是编这个，是编草墩。

我：那你有没有跟祖祖或者邻居学过编草墩呢？

男生2：学过点，但是太麻烦了就不想学了。

我：小朋友你们好，你们是在写作业吗？

女生3：我们在等爸爸妈妈来接，就先做一下作业。

我：是这样的，我们是前面云南艺术学院的大学生，我们在做一份调查作业，所以想要问你们一些问题可以吗？

女生3：好。

女生4：可以。

我：你们现在分别上几年级了呀？

女生3：三年级。我们两个是一班的。（指向女生4）

女生5：四年级。

我：那你们知道草编菱角吗？

女生3：不知道。

女生4：不知道。

女生5：我也不知道。

我：（给孩子看了菱角的图片）就是图片上的这个东西，它是咱们云南呈贡区的非物质文化遗产，叫作草编菱角。那你们知道非物质文化遗产吗？

女生3：不知道。

女生4：不知道。

女生5：我外婆也许会知道。

我：那有没有一个可乐村的奶奶过来教过你们编这个呢？

女生5：没有。

我：好的，那你们要记住了这是咱们云南呈贡区的非物质文化遗产，叫作草编菱角。那你们现在来大胆地设想一下，这个三角形可以用来做什么呀？

女生3：可以变成球。

女生 4：变成六角星，跟我们编的五角星开始的时候有点像。

我：那你们平时除了编五角星还会编些什么呢？

女生 3：我们会用胶布卷成球，当橡皮擦。

我：那你们的家里人有会编东西的吗？或者会剪纸呀，刺绣呀。

女生 5：我外婆会编草鞋，我还会把芦花放在上面，这样就更好看了。我外婆还会剪纸。

我：那你有没有跟外婆学过这些呢？

女生 5：现在只学了剪纸。

我：是你自己想学还是外婆逼你的呢？

女生 5：我自己想学。

我：那你觉得学这些有什么用呢？

女生 5：就是外婆说是有吉祥气，而且我觉得如果自己亲手做的话可以表达对家人的爱。

女生 3：我也会剪纸，但是是学校美术老师教的。我还教过我表妹，我妹妹也跟我学过，但是她一岁，都是我们剪给她玩。

女生 5：我外婆说要等我 12 岁生日才教我编草鞋，因为我是一只小猪（孩子的属相为猪），要猪年才能学。

我：这样是有什么含义或者寓意是吗？

女生 5：是的，外婆说小猪猪年学才吉利。

我：小朋友你们好，我们是前面云南艺术学院的大学生，我们在做一份调查作业，所以想要问你们一些问题可以吗？

男生 3：问什么？

我：就是我们想问一下你今年上几年级啦？

男生 3：五年级。

我：那你知道草编菱角吗？

男生 3：草编菱角？

我：（给孩子看了菱角的图片）就是图片上的这个东西，它是咱们云南呈贡区的非物质文化遗产，叫作草编菱角。

男生 3：没见过。

（孩子相熟的玩伴看到我们也加入到了我们中间）

男生 4：你们在干嘛？

我：我们在采访一下你们的同学，你们要加入我们吗？

男生4：采访？采访什么呀？

我：就是问一下你们是几年级了呀？

男生4：我们几个都是五年级是一个班的。只有他是四年级（指向男生6）。

我：那你们平时都喜欢玩什么呀？

男生3：打游戏。

男生4：吃鸡。

男生5：王者。

男生6：做作业。

我：那除了打游戏，你们会编图上这样的小手工或者是做一些其他的手工吗？

男生4：美术课上会教做手工。

我：那你们知道图上这种手工叫什么吗？

男生3：不知道。

男生4：哎！这个我爷爷家有。

我：那爷爷家的是什么样子的呢？

男生4：就是这样的三角形，拿那个篮子装着，还有个小鹿，每年都做，还有钱拿。

我：那都有什么颜色呢？

男生4：就是黄色，我奶奶都是拿热水泡泡，干了就拿来编这个。

我：那你知道奶奶编的这个东西使用什么材料编吗？

男生4：就是那种小麦的那个秆秆，要给它弄开，弄平掉。

我：那你知道什么是非物质文化遗产吗？

男生4：知道。老师有一次上课给我们讲过，这个草编菱角好像就是这个什么非遗这个了。

我：对的，它就叫草编菱角。是咱们云南呈贡区的非物质文化遗产。那你看奶奶编的时候有没有跟奶奶学一学呢？

男生4：学过一点，但是太难了。

我：那你觉得学这个有什么用呢？

男生4：就是摆着好看呗，装饰。

男生6：学这个没有用，小姑娘学的东西。

我：为什么你就觉得学这个没有用呢？

男生6：就是拿草编编嘛，小姑娘才爱玩。

我：但这是咱们国家宝贵的传统文化，是非常值得学习的，男孩子也应该学一学的，那大家觉得这个草编菱角除了刚刚那个男生说的小鹿，还可以做什么呀？

男生3：可以做飞机、羊。

男生4：做船、水果、帽子、人。

男生5：我觉得长得像粽子，可以做粽子或者房子。

男生6：还可以做飞镖或者做一只雕，瓷器，瓷砖都可以吧。

我：那除了男生们说的这些，这两个小妹妹觉得还可以做什么呀？

女生6：嗯……做书包，做……做那个人背着的箩筐。

女生7：我觉得可以做扎头发的，或者是手链、项链，戴在手上或者脖子上。

男生5：你们是做作业吗？

我：对呀。

男生3：我觉得不可能做飞机。

男生4：为什么不可能，可能的！

我：那你们回家以后可以剪一些三角形试试呀！

孩子们：好的，我们回去试试。

我：小朋友你好，我们是前面云南艺术学院的大学生，我们在做一份调查作业，所以想要问你们一些问题可以吗？

女生8：好的。

我：你现在上几年级了呀？

女生8：六年级。

我：那你知道草编菱角吗？

女生8：知道。上次我爸带我去文化馆看到过。它是什么非遗什么文化。

我：对的，它是咱们云南呈贡区的非物质文化遗产。那你还记得你看到的草编菱角都有哪些作品吗？

女生8：有球，有小鱼、小船，还有一个挂在顶上的超级大的，我想不起来叫什么名字了。

我：那看来你对咱们呈贡区的非物质文化遗产还是有一定了解的，那你还知道呈贡区有哪些非物质文化遗产呢？

女生8：有剪纸、刺绣、花灯、板凳龙，对了还有好多画，说是没有学过画画的农民伯伯画的。

我：嗯，很棒，那你现在来大胆地设想一下，草编菱角除了你看到的那些作品还可以用来做什么呀？

女生8：它有点像金字塔，我觉得它可以做成贴在墙上的那种。

我：类似于马赛克那样的吗？

女生8：嗯，对。三角形的马赛克，应该会很好看的。

我：那你会编这个菱角吗？

女生8：不会，我只会折千纸鹤和钢琴。

我：那你家里人有会做草编菱角的吗？

女生8：没有，但是我姐姐会拿草编东西。

我：那姐姐编的是什么呢？

女生8：编玫瑰。

我：那你有没有向姐姐请教过怎么编呢？

女生8：问过，但是她没有时间教我。

我：她是忙于工作还是？

女生8：她盘地（种地）。

我：那如果她有时间教你了，你还愿意学吗？

女生8：我要（能）折的好才学。

第二节 草编菱角与小学非物质文化遗产传承的契合

一、市场调研

从全球范围来看，自机器大工业诞生，国际分工日益细化，所有国家的生产和消费都变成世界性的了。当今世界，社会生活中几乎所有领域都无法摆脱全球化进程的影响，全球化的结果也开始体现在人们生活的各个方面，人们可以不分地区，同时共享国际品牌、大众文化工业品。伴随着经济全球化，文化的全球化也在全球化般蔓延。与草编菱角相似的作品在国外的手工艺作品中少之甚少，这对我们来说是最为有利和令人喜悦的信息。草编菱角作为云南独有的文化遗产，放眼整个中国都是独一无二的珍宝。所以我们只能将与草编菱角较为相似的草编工艺作为比较说明。

（一）开展市场调查

中国地大物博，文化底蕴深厚，长期以来中国在非物质文化遗产传承方面做出了巨大努力，期间取得过许许多多优异的成绩，但是由于非物质文化遗产分布

不均、管理系统不完善等因素，使其后继无人，面临失传的巨大挑战。通过实地调研我们发现呈贡区可乐村的草编菱角虽然具有一定市场活力，但后劲不足是最大问题。

（二）调研市场分析

云南省经济发展缓慢是制约草编菱角技艺市场活力的根本原因。

文化的传承以经济实力为基石与保障，云南省是若干少数民族聚居地区，由于呈贡区社会经济发展的滞后性，严重阻碍了草编菱角工艺品在市场中的活力因子。经济发展无法带动文化传承与弘扬。

1. "打工潮"冲淡草编菱角技艺市场活力。

20世纪90年代后，云南地区外出打工成为一股潮流，出外的人们受到异地主流文化的熏陶，背离了家乡文化，比如我们采访到的李留美女士有自己的一份工作，草编菱角是在工作之余才有时间制作。

2. 旅游业兴起对草编菱角技艺市场的负面影响。

很多人对民族民间文化的曲解，滥用民族民间文化，使得民族民间文化庸俗化，如傣族的泼水节、怒族的仙女节等在成为旅游业开发的民族文化资源后开始变异。对于草编菱角工艺品，人们不再有任何实质性的精神寄托，只当作摆饰，甚至对于传统选材用料、色彩搭配的不满等因素，对草编菱角技艺市场产生了巨大的负面影响。

3. 草编菱角的市场产品特性。

产品特性作为非物质文化遗产产业化发展的基础，是其发展之本。我国非物质文化遗产数量及种类众多，需根据其特性深度挖掘文化内涵，结合市场需求扬长避短。以草编菱角技艺为例，草编菱角工艺品为其主要产品。草编菱角制作的所有工艺流程皆从自然取材，保存难度较大，难以满足某些客户对于产品精细度以及外包装色彩设计的要求。

4. 草编菱角产品的创新。

创新是引领发展的第一动力。在非物质文化遗产的产业化进程中，应以发展的眼光看待产业发展和市场竞争。从同样是草编工艺的实用性和观赏性兼具的草编椅、草编帽子等来看，草编菱角功能性单一，实用性较低。

5. 草编菱角产品的用途优势体现。

基于产品特性与创新，产品的用途优势得以进一步挖掘。增强其实用性，扩大用途范围，为日后进一步拓展草编菱角产品市场奠定基础。采取恰当的市场营销策略，力争上游，努力在市场占有一席之地。

（三）态势分析

民族性
传统文化
品牌
价值

面临失传
创新的局限性
产品的附加值
在价值和品牌形象建立方面
较为薄弱

优势

劣势

机遇

威胁

省内市场
国内市场
国际市场

现代化和传统型的竞争
种类和格局的局限性
专门性的企业

图 5-2

通过上述的调查研究我们对草编菱角的未来发展进行了主要的态势分析（图5-2）：

首先，草编菱角这一非物质文化遗产项目具有强烈的民族性，代表了云南省少数民族居多的特性，弘扬的是中国的传统文化。这一点利于草编菱角形成独立的品牌效应，其本身上升空间极大，利于增强其附加值，从而创造出新的价值。这些都是草编菱角的优势所在。

其次，草编菱角还遭受着巨大的劣势影响，其传承人年纪较大，后继无人，即将面临失传这一严峻问题。而且对于传统手工的创新制作本身就存在着极大的局限性，光是不改变草编菱角的精髓这一点就给后续创作工作造成了极大困扰。再加之赋予产品附加值，还需考虑利润成本等各类问题。增强其价值和建立品牌形象这两方面相互贯通，草编菱角的附加值难以做到最大化程度发展，品牌形象则难以建立。以及现代化产业与传统型产业之间的竞争，对于我们来说都是巨大的威胁。现代化社会的发展，人工智能的全面化，覆盖了整个人类的生存和发展，传统型产业日渐衰落。传统手工艺更是被精确的机器数据取而代之。人们所追求的不再是一针一线串联之间的情感，而是美观快速的生活节奏。就拿草编菱角来说，种类的局限性和格局就足以使年轻的人们避而远之。而且没有专门的企业或者单位在管理这一项目，这也是对于我们作品的威胁之一。

虽然优劣势划分明显，威胁较大，但我们有着充分的市场机遇，先从省内市场来说，云南人民对于传统文化的积极弘扬和爱护势头正猛，所以草编菱角文创品的开发和制作是必然趋势。放眼国内市场和国际市场，外省同胞对传统文化的弘扬也是热情高涨，一直以来，云南少数民族文化颇受外省同胞欢迎，他们对于云南少数民族文化的好奇和热爱是我们最重要的核心和机遇。国际市场更是不容小觑，在国外中国文化一直都是享受着众星捧月的待遇，外国友人对于整个中国文化都十分喜爱。所以对我们的文创作品来说是十分可贵的机遇。

（四）广告战略

为了能将我们云南独有的草编菱角推向更大更广的市场潮流之中，我们必须引用科学有效的广告战略，比如说我们可以为我们所推出的创新产品设计并制作传单在小范围内进行发放以到达一定的宣传效果，还可以依附现在最日常的手机软件比如微信公众号、微博、淘宝等进行宣传和售卖，以及依附知名的品牌，与其签署合作战略，打造自身品牌形象竭力吸引新顾客，提升产品知名度。

在信息爆炸的现代社会，文化遗产能否广为流传为人所知，需要政府与社会多方人士共同努力。与政府部门协作，一是充分利用媒介和信息技术，对草编菱角的环境、技艺、艺人信息等各方面内容进行系统搜集、分类、编目和归档。二是编制非遗乡土教材，建立传习所，拜师学艺，与高校密切合作。在文化馆、旅游纪念品销售中心等处进行展示和研究工作，更有效地激励非遗的传承和提高。从社会各界角度出发，通过电视、广播、报纸杂志等传媒，结合"回归自然""共建和谐""传承与保护"等主题普及草编菱角技艺。

我们还要充分考虑客户的购买力，这决定着文化产品的受众面，人们对于某种产品的需求，包括购买欲望和自身购买能力两方面。非遗文化产品定价取决于其本身价值以及文化附加值。由于该类产品为非必需品，市场较为固定且单一，需采取合理的定价策略以开拓新市场。从产品实用性、客户购买力及估计成本来规范定价，拓宽销路，更利于市场推广。

根据目标消费者用途我们可以把草编菱角工艺品分为五类：艺术收藏需求、民俗情节需求、商务礼品需求、家装需求、企业文化需求。而这五类又可归为收藏鉴赏和美化装饰两类。不同类别其价格质量都有区别，各个价位可以满足各个收入阶层群体的消费需要。传统草编菱角工艺品的工艺较特殊，大多数产品采用的是纯手工工艺。在现代这个追求个性和返璞归真的快消费、快节奏社会，这种手工艺生产企业发展存在很大的潜力，市场商机无限。同时，传统草编菱角工艺品的买卖大多数发生在旅游胜地。作为"朝阳产业"的旅游业，近些年在我国的发展趋势大涨。借助于旅游业这一行业发展的辐射效应，未来市场上对传统手工艺品的需求呈增长态势。

（五）材料、制作与构造

编菱角的原料是大麦秆，很多年前呈贡地区也有种植大麦秆，但是后来改种蔬菜了。要到十多公里外梁王山麓的半山区才能找到大麦秆，而且日益艰难。李留美提到，现在大麦秆价格贵不说，一百公斤就要五十多块钱，而且种植人多为农村人，家里有牛要养，麦秆这些都要喂牛，所以不肯卖。曲靖大麦种得多，运费又太贵，而且这些年的麦秆卖相不好。我们也从购物网上了解到一斤（长度为45cm左右，大约有1000根）大麦秆就需要人民币二十五元整，漂白后相同规格的则需人民币七十五元整，染色后相同规格的则高达人民币一百三十五元整。

说起制作菱角的制作工艺，可以说是非常复杂，共有八道工序：首先是掐麦秆头子，必须用拇指和食指掐，才能去掉头子上的茸皮，不能用剪刀。第二道工序是编菱角，通过不断沿边线折叠，最后呈三角形，然后，剪净、晒干，用干净水浸泡等。第六道工序是在不同的锅里放进红、黄、蓝等各色染料，煮染时要选择晴朗的天气，当日晒干，若遇阴天，色彩就没有那么鲜亮，之后，用针线串出各种造型。最后用细麦秆做节，加顶。

在菱角编织过程中，考验的就是眼力，以及对造型的把握。编制过程还需根据不同麦秆的长度来决定菱角最终的大小，这样才能确保所编制的作品形态自然，衔接有序。在编织完成后，还需要定型以及对成品进行表面处理，这样才能确保长久不变色、不变形。

材料、工艺与设计之间的关系不是像材料决定设计或工艺决定设计那样简单和一成不变的，而是会根据不同的环境、情况进行改变。当材料被事先确定时，工艺也就会因材料本身的性质而确定。比如说当我们选择了菱角以后，那么制作工艺也就很自然地被限制在了编、串联等技法上了。当我们将材料、工艺确定下来后，创新的再设计就必须要考虑到材料的性质以及其工艺的可行性，也就是说，设计会被材料所限制，同时设计也要将材料的特性发挥出来。所以在完成后续作品时，我们首先考虑到的是制作的材料，其次才能考虑所用材料的可能的连接方式（工艺），以及通过这些材料和连接方式（工艺）可以实现的设计。在这个环节中，就体现了材料和工艺两者对于设计的限制作用，使得我们不得不仔细地去比较各种不同的材料。

设计则成为最后一个环节，与上一种情况相似设计也不得不被工艺与材料限制，但是，更为重要的是，此时设计也应突出其材料与工艺的特性。同样在"集群形态生成"这个作业中，我认为有部分作品由于事先所设想的连接方式未能体现他们所选材料的特性，使这些作品缺乏吸引力。从工艺到材料再到设计的过程中，每一个环节都会对其前后产生影响。当设计被事先确定下来时，那么在这个设计中所涉及的所有材料和工艺的选择都必须要符合整个设计的思路，已达到预期的效果，在这个过程中，选择材料和工艺是两个相互牵制的环节，两者要可以同时实现。否则，所有的设计都无法成为现实。设计占据了主导位置，成为影响整个作品好坏的决定性因素。比如在菱角中，设计是最关键和最早开始的步骤，它决定了菱角完成以后作品的表现力和美观，也决定了在编制的过程中需要使用的工艺。在主要的实践状态，如当代艺术设计、工业设计、建筑设计等领域中，人们都致力于发挥材料、工艺在设计中的作用和潜在表现力。由此可以看出，当人们进行设计时都会把材料当作设计的一个部分加以反复推敲，最终使材料可以符合设计的要求，同时体现材料的特点。"好的设计，必须在构思上针对不同材质和不同工艺进行综合性的全面考虑，有效地将加工制作与最终艺术效果进行合理选择，编排出一套合适的程序方案。好的设计还应意识到材质自身独有的美感。好的设计，应充分展现材料工艺的自然美感，这是设计区别于其他艺术的最独具个性的艺术魅力。天然的材质美、光泽美、肌理效果构成了设计最鲜明、最富感染力并最有时代感的审美特征。"所以，"设计与工艺是紧密联系、相互矛盾的，而设计与工艺又都具有一定的灵活性，因此在设计工作中就要注意工艺性的问题。在新设计的产品投入试制之前，应由专门的工艺人员进行工艺性审查，一个好的设计必须同时具有好的工艺性，即可能性、合理性、经济性。"工艺的可能性造成了设计的多变性，工艺的合理性造成了设计的可能性，工艺的经济性也造成了设计的合理性。基本功能相同的产品，由于采用了不同的材料和加工工艺，会有着巨大的形态变化、使用变化和精神功能的变化，所以"真正具有革命特征的社会转变必须表现出对日常生活、对语言和空间具有创造性的影响力。"经过以上的分析，我认为材料、工艺、设计三者在不同情况下的不同关系可以总结为两个层次，材料与工艺属于一个层次。不同的层次之间的关系表现为相互表现、相互限制、相互促进，所以第二层次是第一层次的基石，即材料、工艺为设计服务，但同时设计也突出其材料与工艺的特性并推动其发展。在同一个层次中，材料与工艺则表现为相互选择、相互限定。总之，设计、材料和工艺是不可分割的一个整体，只有对其中的关系十分了解，才可以设计出优秀的作品。

二、调研结果

（一）了解自己的调研结果

到这一步我们的调研已经有了一定规模，构建出了一定雏形，但我们还需将收集到的资料和数据，进行归类、综合、反思和分析以及如何在此基础上推进设计实践，让其更加有理可循。这不仅是我们对自己调研结果的了解也是向读者的综述和深度解释。

1. 分类

（1）类型学

我们此次调研的主体为草编菱角传承人李留美，由她延伸到可乐村的村民以及下庄村小学的小学生们。我们将他们分为了成年群体和未成年群体以及潜力消费群体和无潜力消费群体，从而我们不难发现，传统手工艺对于年纪稍大些的人们来说，只能是一种对于祖辈的念想。他们可能会接受创新，但他们不一定为这样的创新买单，而年轻群体中，上至大学生，下至小学生都会是传统手工艺品的潜在消费群，他们中的市场需求空间更大。

（2）地形学

自然环境：呈贡区位于山湖之间的平坦地带，地势总体上为东高西低，呈缓坡状，东为中低山地丘陵，中间湖积平原，西为滇池。山脉走势犹如怀抱，北面张官山，东面白龙潭山和南面的关山和尖山，将中央平地三面环绕，只留下西面开阔的滇池开口，形成靠山面水的格局。该地域为低纬高原季风型，气候温和，日照年平均2200h，气温多年平均为14.7摄氏度。年分旱雨两季，年降水近800毫米，夏秋凉爽多雨，冬春晴暖干旱。这种特点在国内乃至国际都十分稀有，地域的纬度和海拔一起作用才能够形成这样的气候特征。所以呈贡区的人们或以农业为主，或以果蔬种植业和鲜花种植出售为主。

2. 综合

我国56个民族多元化的文化生态，造就了我们这个非物质文化遗产大国。各民族各地区都拥有丰富、独特的优秀文化遗产，经过保护和传承，各民族各地区拥有的非物质文化遗产都将闪耀着灿烂的光芒，保护和传承非物质文化遗产是我们每个公民义不容辞的责任。然而草编工艺作为我国原始社会最先出现的一种手工编织技艺，所代表的不仅仅是草编工艺技术本身，更多的是对社会发展进程的一种折射。作为一个原载体，与一切皆有可能的事物发生碰撞，农耕文化便是其一。我们知道早在河姆渡时期便有农耕文化出现，人们日出而作，日落而息。而在 1973 年浙江余姚河姆渡出土的苇席残片则表明农耕文化时期草编工艺已有所发展，每个地区在不同历史时期都会出现独具特色的手工艺品，精细而复杂的流程呈现出当时人们古朴的智慧。我们所调研的草编菱角具体起源时间已无从考证，相传从唐朝时期就有人编制，一直以来均是作为端午节人们为金角老龙戴孝所用的纪念品。人们将其悬挂在门楣窗棂上，图平安吉利。草编菱角在云南省昆明市呈贡区已经流传了几百年，这是一笔深厚的文化财富，值得后人传承和弘扬。

（二）反思与分析

1. 草编菱角保护和传承存在的问题

（1）受经济和思想观念等因素的制约

许多传承人受经济和思想观念等因素的制约导致非物质文化遗产的逐渐消失、衰退。由于草编工艺是农耕文明的产物，其产生的产品虽具有历史、文化价值，但除了少数列入文物的可以通过拍卖渠道获得高价利润外，大部分草编菱角收益薄弱甚至转化不成经济产值。另外，传承人有时候还存在心理自卑。自古以来草编菱角往往都难登"大雅之堂"，有的传承人社会地位极低，在社会上形成了对草编菱角传承的轻视。草编菱角流传百年却只是用作了精神寄托，从未有过任何思想上的革新意识或者是潜在空间的开发和呈现。这些因素让传承人自身也形成了一种心理上的自卑。再次，就是传承人观念的制约。在草编菱角传承人中，由于观念跟不上时代，导致不少传承人因循守旧，死抱前人的东西，一点也不敢大胆创新。这些观念导致很多的草编菱角得不到更好的发展。

（2）政府投入欠缺

地方政府的不重视也对草编菱角的传承与发展有着相对的影响。在呈贡区文化馆中珍藏的草编菱角作品屈指可数，相关介绍寥寥无几，文献甚至都没有，政府没有足够的重视，对不断消亡的草编菱角工艺视而不见。政府财力有限，投入不足，成为草编菱角工艺抢救和保护工作面临的困难因素之一。由于全球化进程的加快，先辈们传承下来的优秀文化逐渐被遗忘，有些艺术种类面临消亡的危险。传承人未受到社会应有的承认，缺少管理人员和研究队伍，由于市场经济和当前就业观念的影响，有许多人对传统文化认识不足，导致传承人后继缺乏，很难适应草编菱角工艺的保护。

（3）草编菱角传承人的现状问题

传承人的生活和工作状况差别很大，存在着许多隐性问题。一些传承人年龄老化，传承困难。

根据我们的调研情况，一些传承人年龄较大，以云南省呈贡区为例，目前大部分掌握各种技艺的人年事已高，甚至已经过世，传承人后继乏人、断层现象是全国草编菱角技艺面临的共同难题。这既有草编菱角技艺自身难以传承的内在原因，也有社会环境变迁等外部客观因素。在草编菱角技艺传承中，年轻人不愿意学习，一是学习草编菱角技艺已经不能够解决生活问题，与其他谋生手段相比，没有吸引力，这是最主要原因。二是学习要投入大量的时间和精力，如果利用业余时间来学习，很难实现传承目的。三是传承机制上，多以传统的师傅带徒弟的方式，师傅寻找徒弟与徒弟寻找师傅一样困难。四是传承人受传统观念的影响，诸如："传内不传外"，以及传承人自身素质等因素，影响了传承。一些传承人经济困难，难以维持传承。

在各地非物质文化遗产保护工作中，遇到的最大难题是传承人经济困难。各省（市、自治区）根据《非遗法》的相关规定，制定了本地区不同的等级传承人资金补助标准。以内蒙古为例，自2016年开始，该项补助列入政府财政预算，补助国家级和自治区传承人每年每人5000元。这笔资金对于改善困难传承人的经济状况能够起到一定的作用，但对于项目传承保护的作用意义不大。事实上，有关传承人的政府保护义务，《非遗法》第六条明确了县级以上人民政府的保护和担当责任，要求将对非遗的保护、保存工作必须纳入本级国民经济和社会发展规划之中，并将单独经费列入本级财政预算，确保保护、保存工作的物质保障不至落空。从规定的内容看，政府有提供保护的财政义务，仅此而已，并没有要求政府解决传承人的生活问题。但从"非遗"研究者和传承人的要求看，更多的是要求政府解决传承人的生活问题，以此来保证非物质文化遗产的传承。从政府与传承人的法律看，二者不存在如此的权利和义务内容。要求政府保障传承人的生活，是对《非遗法》的误读，同时，也是传承人对自己权利的误解。在各地的"非遗"保护实践中，单纯依靠"输血型"的保护，可在短期内收到一定效果，但也滋生了传承人等、靠、要的思想，不利于传承人自身发展。从长期来看，要由"输血型"向"造血型"转变，确立政府引导，传承人自主发展的政策导向，通过建立"非遗"市场化的利益机制，形成"非遗"发展的保障机制。

2. 草编菱角保护和传承的举措

保护和传承非物质文化遗产可以促进国际社会文明对话交流。开展非物质文化遗产保护和传承工作，对培育中华民族精神、弘扬中华文明、建设中华民族共有精神家园具有重要意义。

从我们的实践调研看，一方面，政府保护是草编菱角技艺得以发展延续的重要条件，另一方面，如果政府对草编菱角技艺推动和保护的尺度把握不当，传承人受到政府资助、按照政府的意愿来表演，势必会将草编菱角技艺传承人的传承变为政府工程，这对草编菱角技艺传承的伤害之大显而易见。草编菱角技艺具有强烈的民俗性和民间性，符合当地的民间文化，应当坚持"民间的事民间办"的原则。国内外的经验表明，解决好保护主体与传承主体的关系至关重要。在二者之间，政府的政治、经济和文化的强势地位如果控制不好，必然由官俗代替民俗，将本真状态的草编菱角技艺破坏殆尽。

（1）草编菱角技艺传承人的法律保护问题

结合各地"非遗"和传承人保护中出现的诸多问题，建立相对完善的法律保护体系，是促进和发展"非遗"的主要途径。2006年以来，国家公布了四批国家级代表性传承人名单，推进了我国"非遗"保护的发展。近年来，我国的"非遗"研究者针对"非遗"保护工作起步较晚，立法保护经验不足等问题，展开了深入研究，取得了一定的研究成果。根据知网CNKI提供的以"非物质文化遗产传承人法律保护"为主题的搜索显示，从2003年到2016年底，共搜索到2844个结果。从学科分类看，主要涉及文化学1423篇，涉及法律研究和行政保护的有630篇。从发表年份看，自2011年以来，年均300～400篇。资源类型上看，期刊发表1854篇，硕博论文828篇。从上述情况可知，近年来，对"非遗"传承人保护的研究热度保持着持续上升的态势，且视角是多维度的，站在文化视角进行研究的成果最多，约占50%，表明文化性质研究仍然是该研究的重点。与法律相关的研究成果约占22%，表明法律保护正在成为研究者关注的主要方面。对于传承人在法律保护中所处现状的调查和研究也越来越受到关注，主要体现在非物质文化遗产保护中涉及传承人保护的专题研究中。主要包括三个方面：一是以某地区非物质文化遗产传承人法律保护为对象。二是以某一个具体传承人为对象的法律保护研究，如非物质文化遗产传承人保护模式研究。三是传承人法律保护的主要内容——权利和义务的设置研究，这些研究从传承人认定、传承人保护方法和其他方式的保护等方面，做了全面总结。

（2）积极推进各省（市、自治区）非物质文化遗产地方性法规立法进程

2008年颁布的《暂行办法》和2011年通过的《非遗法》是我国非物质文化遗产传承人法律保护的基本根据。各省市区根据地区情况，先后制定了配套立法。如：于2013年3月28日云南省第十二届人民代表大会常务委员会第二次会议通过的《云南省非物质文化遗产保护条例》。

上述立法对于推进各地区的非物质文化遗产保护起到了重大作用。从昆明市地方立法的内容和技术看，主要存在着以下问题。一是立法"移植"严重。非遗的地方立法主要解决地区的具体问题，即执行性立法。但从各地的立法情况看，

多数是把《暂行办法》和《非遗法》的相关条文移植过来。各省市区之间的立法也存在着普遍的移植现象，没有体现出地方保护特色，使得相关立法失去了特色立法的目的。二是地方立法滞后。检讨各省市区的立法情况，有些规定滞后于非遗保护的实际。从《非遗法》与省市区立法的关系看，应是支持和鼓励地方针对地区非遗情况，开展先行先试的立法保护探索，待相关探索经验成熟后，再上升到国家立法的层次。但实际的情况是，各地方严格遵守《非遗法》的相关规定，能够积极进行立法探索的非常少。三是立法技术不规范，诸如对"非物质文化遗产项目保护名录""条例""保护条例"等概念的使用与立法目的和内容表达存在着较大差距。另外，《非遗法》属于"非遗"领域的基本法，遵循着"宜粗不宜细"的基本原则，对于"非遗"进行宏观调控，其具体操作有待国务院尽快制定《非遗法》实施细则，修改《暂行办法》，便于地方政府配套立法。

（3）"传承人"与"代表性传承人"的界定

《非遗法》仅对"代表性传承人"的含义做了规定，未对传承人的含义、外延以说明。借鉴联合国教科文组织《保护非物质文化遗产公约》序言中"承认各群体，尤其是土著群体，各团体，有时是个人在非物质文化遗产的创作、保护、保养和创新方面发挥着重要作用，从而为丰富文化多样性和人类的创造性做出贡献"的精神，应将传承人的范围规定得宽泛些，既包括代表性传承人，也包括非物质文化遗产的创造者和实践者，这样有利于保护的全面性和实效性。《非遗法》把保护的对象限定在代表性传承人，客观上排除了其他传承人权利保护的可能性。目前《非遗法》对代表性传承人的保护仅体现为一定程度的经济扶持，未提及对代表性传承人的人身侵害从而对非物质文化遗产本身造成无法弥补影响应否承担特殊责任。对非物质文化遗产传承人的人身给予特定的行政保护乃至刑法保护，更能体现对非物质文化遗产的重视。

（4）促进传承人财产性权力保护

一些非物质文化遗产经过政府保护和传承人的努力和市场相结合，给传承人和保护主体带来一定的经济利益。因此，在《非遗法》中要明确规定传承人的财产利益权和分配原则，避免出现传承人与保护主体之间的利益争议。对于政府在"非遗"活动中获得的经济利益，可以考虑成立地方性"非遗"保护基金，用获得的收益反哺其他传承人，形成良性互动的发展结构。基于非物质文化的表现形式不同，可以采取不同的保护方法。如果是一些文字、音乐、口述、舞蹈等形式的作品，可以利用知识产权法来加强保护，获得相应收益。如果是民间手工艺品，诸如外观、发明、创造等，可以利用专利法来加强保护，获得相应收益。

（5）加大传承人精神权利保护

传承人除了资金上的财政支持外，获得社会的尊重和认同感也是传承人的内在需要。地方各级人大和政协组织可以在人大代表或政协委员中要求一定比例的传承人，一方面，在地方立法上可以反映其相关要求，体现其意志性。另一方面，建议地方政府设置地区级的"民间艺术家"称号，在规定的期限内享受相应的待遇，定期举办表彰大会，满足传承人的社会认同感。同时，精神权利的保护和提升有利于其作品市场价值的提升，间接带来一定的经济利益，促进非物质文化遗产的发展，形成良性的循环局面。另外，"在社会生活中，定期组织传承人开展活动展示、定期交流、技艺比赛等活动。通过报纸、网络、广播电视等新闻媒体开设非遗保护宣传专栏，大力宣传代表性传承人，大力宣传社会各界参与、支持非遗保护的行为，形成全社会的价值认知，使各级非遗传承人在政治上有地位，经济上有保障，社会上受认同，努力营造尊崇非物质文化遗产传承人及一切参与者、支持者的良好社会生态，激发更多的青年人参与非物质文化遗产传承与保护。"

（6）传承人的传承权

"非遗"本身是民间文化，其承载主体是传承人在长期的传承过程中，形成了传承人的自主传承权。对于这一民俗，从立法的角度出发，必须尊重和保护，明确其传承权。从目前的传承权内容看，主要应包括两个方面：一是传承的自愿性。传承人将其掌握的"非遗"文化是否传承，是传承人自己的事情，个人有权决定。在实践中政府和其他组织任何人都不能强迫传承人违背自己的愿意传承，政府和其他组织的权力不能侵犯公民个人的法定传承权。二是传承内容的决定权。在传承过程中，传授什么内容、选择什么样的方式和徒弟，传承人有权自己决定，政府和其他组织无权干涉。但政府和其他组织有权对传承的内容和形式提出自己的建议，供传承人借鉴，但要遵循"非遗"保护的原则，即"原汁原味"的原则，不可以"官俗"代替"民俗"。

（7）改进"非遗"传承人申报制度

根据《暂行办法》的申报制度，公民申报"非遗"时，要先向"所在地县级以上文化行政部门"提出申请，实行逐级上报的方式。在实际的申报过程中，各级政府通常先行确定要申报的名额限制，规定申报比例，使得一些具有申报资质的"非遗"传承人有机会申报。另外，许多的传承人生活在边远乡村，生活相对封闭，对于"非遗"等国家政策法律不了解，易错失许多申报机会。因此，如何提高"非遗"的宣传性，出台有针对性的保护和发现措施，是下一步"非遗"立法需要改进的地方。

（8）增加公民对"非遗"活动的知情权和参与权

现有的《非遗法》和《暂行办法》对于公民关于"非遗"的知情权和参与权规定缺失，不利于"非遗"的保护和落实。在代表性传承人认定中，规定"在特定领域内具有代表性，并在一定区域内具有较大影响"。在实际认定过程中，必然少不了公民的参与和监督。关于知情权，也仅仅限于"代表性传承人名单"公布。关于评定过程等，没有规定公民的参与权和监督权等。由于"非遗"是一项民间文化，少不了公民的参与和监督。因此，在立法中设置公民的知情权和参与权就非常重要，诸如，听证会、论证会、座谈会等方式。

（9）建立传承人数据库

在非物质文化遗产保护中，最大的损失是没有建立传承人数据库，使得"人亡艺绝""艺随人亡"的情况成为现实。目前，许多地区和机构在探索建立传承人数据库，如广西在实现"文化大发展大繁荣"的建设过程中，实施了民歌传承人数据库建设，包括文字资料、乐谱资料、图像资料、声像资料、实物资料在内的与民歌相关的数据均被列入数据库建设因素。该数据库的建设，充分利用了互联网平台，是民歌资源在现代科学技术条件支撑下的信息集合体和复制品，最大限度地通过图、像、文的直观性，向世界各国展现广西这一特定区域内民歌的代表品种和传承人风采，是保护非物质文化遗产和传承人的极好范例。总之，在非物质文化遗产传承人保护过程中，加强立法建设是保护的首要工作。在立法过程中要深入调研传承人存在的传与承等问题，从国家到地方制定符合实际情况的法律和规章，促进"非遗"保护工作的有效开展。

（10）加强对非物质文化遗产的保护和传承的问题

为贯彻落实《呈贡区中长期人才发展规划》，实施人才素质提升工程，加强文化人才队伍建设，提升新区城市文化软实力，昆明市呈贡区文体广电旅游局与云南艺术学院设计学院协商，决定共同举办"2018创意呈贡"特色文化主题创意活动，达成"校地共建 协同创新"战略合作意向。

该活动主要包括文化人才培养培训工程、呈贡特色旅游产品研发、民族文化创意产品设计开发和呈贡民间绘画（农民画）产品设计等21个方面。目前，活动还在积极筹划中，活动的开展将实现高校文化资源与地方文化资源优势转化和相互融合，打造呈贡特色文化、民族文化品牌，极大促进呈贡区文化旅游业发展。

加强对代表性传承人进行引导、指导性培训。非物质文化遗产保护中心命名和公布非物质文化遗产项目代表性传承人，是开展非物质文化遗产保护和鼓励传承人开展传承活动而采取的一项重要举措。对传承人进行引导、指导性培训，让他们明确党的政策方针、法律法规等，引导他们向正规的方向发展，放下包袱，树立高尚的思想，将自己的技艺无保留地传授他人，使珍贵的非物质文化遗产项目后继有人。着力加强对非物质文化遗产传承人的培养。没有传承人，就没有非遗。目前，许多非物质文化遗产都是一些老年人在支撑，形成传承人才缺失的局面。同时，现代的学校教育又使得孩子们从小就远离这些传承下来的生活文化，因此，随着时间的流逝以及艺人的渐渐离去。要做好对非物质文化遗产保护和传承，决不能忘掉民间具有高超艺术技能和深刻文化内涵的精英们。各级政府要挖掘那些具有较高艺术价值却正濒临灭绝的民间工艺、技艺及其代表性传承人，对传承人采取有效的保护措施和鼓励政策，激励新人去学习、去保护、去传承。笔者认为，当地非物质文化遗产保护中心组织非物质文化遗产项目及代表性传承人进校园、进社区、进军营等地进行非物质文化遗产展示展演活动，这样不仅宣传了非物质文化遗产，而且大大地提高了非物质文化遗产的保护、传承和发展。采取现代化手段加强对非物质文化遗产的保护记录，随着现代化进程的加速，我们必须考虑用多种手段记录的方法保护，如：多媒体、录像、录音、光盘、数字化、软件化、互联网、书报、杂志、电子书等多种先进的方法加以保护和传承。保护和传承非物质文化遗产，是我们每个人义不容辞的责任和义务。让我们携起手来，共同努力，为保护和弘扬中国优秀的非物质文化遗产做出更大的贡献。

创新是事物保持其鲜活的生命力和可持续发展的活力的根本原因，治国与科技发展尚且如此，非物质文化遗产的保护更要在时代与思想的洪流中时刻反思自我并保持初衷，对外来文化与西方艺术的冲击，要秉承"取其精华，去其糟粕"的哲学思维，更加科学，更加有效，更加具有民族特色地来弘扬我国的传统文化。例如，拥有着几百年历史沉淀的中国杂技艺术，从最初的街头卖演，到如今世界范围内的万众瞩目，其根本原因就是几代杂技艺术人勇于探索，不断创新的结果，谁也不可想象，杂技的顶功与古典芭蕾的巧妙结合是那样的唯美与自然，这些都是杂技艺术者们用实践与创新不断赋予这项古老艺术以更加完美的姿态。把非物质文化遗产集中起来束之高阁并不是最终目的，只有合理利用才是它的生命力所在，只有在保护的基础上的创新才能与时俱进。让古老的非物质文化遗产更好地服务于现代社会，让传统的文化资源变为现实的文化生产力。对于非物质文化遗产的传承和发展，保持初衷并结合自我反思是首要核心，我们要尊重历史，尊重民族文化，从根本上对非物质文化遗产产生认同感，其次，结合我国的现代化发展的民族精神和时代精神，我们也要合理地抵制和消除那些落后、腐朽的思想文化，让非物质文化遗产在社会主义文化建设的过程中留下浓墨重彩的一笔。

在中国，传统文化是中华文明演化而汇集成的一种反映民族特质和风貌的民族文化，是民族历史上各种思想文化、观念形态的总体表征，是指居住在中国地域内的中华民族及其祖先所创造的、为中华民族世世代代所继承发展的、具有鲜明民族特色的、历史悠久、内涵博大精深、传统优良的文化，它是中华民族几千年文明的结晶。它主要由农业文化、皇宫官府文化、诸子百家文化、琴棋书画、传统节日、中国戏剧、中国建筑、汉字汉语、传统中医、宗教哲学、民间工艺、中华武术、地域文化、民风民俗、衣冠服饰、饮食厨艺、鬼怪传说等几大类组成。

如果说中国传统文化是过去人们的缩影，那么当今的文化就是传统文化的继承与发展。第一，传统文化是塑造当今中国现代文化的一个基础。第二，通过人的心性来规范外部社会，这是一个大的原则，与此相应，它的特殊功用体现在，传统文化具有一整套特殊的思维方法和理论，它们与现代的科学文化观念结合，是提高科技创新力的一个重要源泉。第三，传统文化还有一个现实的功用，是对当代生活礼仪、社会秩序和人伦关系的规范和调节。

中国传统文化中的工艺品是对一组价值艺术品的总称，工艺品产品是通过手工将原料或半成品加工而成的产品。它来源于生活，却又创造了高于生活的价值，是人民智慧的结晶，充分体现了人类的创造性和艺术性，是人类的无价之宝。

中国民间工艺是大众的生活的民俗的艺术，是经济和文化的双重载体。它反映了中国的历史发展与民族文化，其内容大都是精神活泼向上、吉祥如意、长命健康、富贵有余、儿孙满堂等。中国民间工艺流传广泛，生动有趣，代表了中国人的传统文化和日常活动，是中华民族的艺术瑰宝，是民族传统文化和审美意识的具体体现，是世界文化艺术中的珍品。中国传统文化的内涵十分丰富，涉及的范围也相当广阔，传统工艺品最能反映中国悠久的历史和文化，最能够彰显民族的显著特征。

为了继承和弘扬中华民族优秀传统文化，促进社会主义精神文明建设，加强非物质文化遗产保护。近年来，我国越来越重视各个地域民族的非物质文化遗产保护项目。各地政府也在积极主导，不断推动各个地方的非遗申报，但是在申报了诸多非物质文化遗产项目之后，一些后续的困扰也随之而来，最主要的是许多非物质文化遗产虽然花费了大量的人力物力进行整理并且申报，但是申报之后部分非遗遗产还是不可避免地走向式微与没落，没有真正重新获得活力。政府每年投入人力、金钱进行整理、保护、展览，但是这种"圈养式"的保护使得非遗文化遗产的保护出现只见投入不见输出，并且出现传承依旧困难的情况。许多专家在研究非物质文化遗产传承保护时提出非物质文化遗产的传承与保护不能是一种僵化死板的保护，应该是一种"活态传承"。国家确定的指导方针是"保护为主、抢救第一、合理利用、传承发展"，但是目前来看，如何合理地利用，以到达更有利的传承与发展，确实面临难题。在走访与调研当中，我们发现目前的许多针对非遗的保护都是属于政府出资、组织学习、组织演出、组织展览，在资金支持下培养传承人等等。但是现实是这些传承各种技艺的传承人在当今社会中找不到价值和出路，他们的传承只能是被动的传承。而实际上，使得这些非物质文化遗产能够真正长久地留存在我们不断发展的当代文化当中的，是一种对这些非物质文化遗产的社会需求、经济需求和人文需求。如若不然，"圈养式""展览式"的保护只能是僵化的。那么，如何挖掘这种需求，并且合理利用，使其投入到社会经济运作当中就成为学者们讨论的话题。针对这些问题，近年来非物质文化遗产保护领域的专家们提出了一种新的观点，也就是要用"产业化"的理念来看待非物质文化遗产的保护。在这个概念里面，首先是"产业"一词的凸显，原本的产业一词仅仅指国民经济的各种生产部门，但随着第三产业的兴起，产业的概念扩大到了提供物质产品或者流通手段又或者服务劳动等的企业、组织。由此看来，"产业化"这一概念有其鲜明的经济学色彩。具体来说，"产业化视角下的非物质文化遗产是指把某些过去私相授受、零散学习的民间技艺形式，变成一个完完全全按照市场规律运作的经济形式，并达到相当规模、规格统一、资源整合、产生利润的过程。在产业化视角下，非物质文化遗产具有潜在经济价值。"在产业化的概念下，我们重视的是市场对非物质文化遗产传承保护的重要性。在此次实际的走访考察中，以本文中关注的云南传统手工艺呈贡草编菱角的传承案例来看，以草编菱角选材、制作为例，选材上要精挑细选，制作工艺烦琐，收益薄弱，从而导致近年来从事这项工作的人越来越少。由于市场的萎缩，政府只能与高校合作以此来保护这项草编菱角非物质文化遗产，一般由政府出资补贴，高校联合，找人来学习这项技艺，以保护传承。但是如果这项技艺依旧没有市场，那么一方面，政府出资补贴进行的学习的传承人积极性不高，另外一方面，这样的补贴学习，不是真正有活力的传承，只能是一时的延续与保护。所以，真正地重视市场，激活机场，才会是这些产业化非物质文化遗产长久发展的保障。

总之，从产业化的角度看待传统草编菱角的传承与保护其实是在几个方面转变观念：第一，从过去把草编菱角视为一种消耗社会资源的消费性文化事业到现在把它视为可以产生经济效益的产业；第二，从过去认为草编菱角的主题仅仅是政府转变为实现非物质文化遗产保护主体的多元，社会团体、企业、个人可以通过多种形式投资相关产业，使得非遗保护的资金来源多元化；第三，从过去认为草编菱角的传承与保护只需注重维持与展示，转变为重视草编菱角的社会需求，在真正的社会需求下不断创新与发展。非物质文化遗产产业化保护的概念核心是："运用现代产业发展机制和管理方式推进非物质文化遗产保护的过程中，实现非物质文化遗产的保护由消费型、封闭型、福利型向生产型、开放型、效益型转变，使非物质文化遗产保护成为关注社会需求、有较高投资效益的一项社会公共事业。"所以对传统草编菱角的传承与发展要先改变世俗的传统观念。

总的来说草编菱角的功能性上过于单一，仅有观赏性和人情寄托。从非物质文化遗产产业化发展来看，此类型的非物质文化遗产属于非经营性遗产，主要是从它本身的文学性与地域性来体现其价值。但是，如果突出此类型非物质文化遗产的艺术性，可以与创新再设计相结合。从草编菱角自身的发展历史来看，我们会发现其实它有一个与时俱进、不断发展的特点，也就是在与传统文化不断融合，同时与当代社会发展不断跟随，这种有生命力的动态发展说明了其自身具有的活力。我们在产业化过程中，要注意吸收草编菱角本身所具有的这种生命力，将其延续下去，适当考虑市场化的表现形式，从配色或者选材上进行革新，加入现代艺术设计手法等等。但是，要注意如何在市场表现与传统原汁原味保留之间做好平衡工作。

在民间，人们可能不会用文字来记录习俗或图腾，但有可能通过创造出一些有象征意义的物件来表达风俗思想和愿望。呈贡的草编菱角是端午节滇池地区的人们所要表达的象征的集中表现，它承载着几千年中国端午节民俗文化的内涵，也是云南创造的具有民间独特风韵的艺术品种。这代表着人类文化遗产的精神高度，保护和传承好它可以使其充分发挥应有的价值及存在的意义，使其推动文化产业的发展。加强对草编菱角传承人的培养，对传承人采取有效的保护措施，激励新人去学习，去保护，去传承。通过创新精神来提升草编菱角自身的活力，在挖掘整理提高的基础上，在传承与发展的过程中，去其糟粕，取其精华，弘扬民族民间优秀的传统文化。

第六章 草编菱角在小学非遗教育中的操作——以文创衍生品设计为例

　　目前我国能够遗留下来的传统手编工艺越来越少了，能够编织手工艺菱角的人也是寥寥无几，面对经济压力，生活所迫，使得人们对手编工艺，如菱角编织开始淡然。在世界的各个地方，机械大生产逐渐扩大，人们越来越注重手工业的发展，原创 DIY 的设计，而传统的手工艺也愈发重要，各方都在保护传统文化的发展。

　　在当下，做手编菱角的材料越来越难找，而且样式单一，没有更多的创新与发展，为了手工艺品与时俱进，我们就必须研究菱角未来的发展，使其不失传，继续继承和发展。通过以探索古代文化提供线索，它的形态对于科学发展能够予以启发，从而进行科学研究。传统的菱角在古代是作为辟邪，来表达风俗思想和愿望，如今，具有更多的价值等待我们去发现。

　　就当前整个时代发展过程中，传统手工艺与现代设计元素之间并不是毫无关联的元素内容，可以说，在这个现代化背景下，不同元素之间存在极强的融合特色，而传统手工艺与现代设计活动之间，都作为具有融合价值的文化元素，在当前整个传承背景下，两种文化元素之间的融合性进一步提升，进而为实现不同文化元素之间的全面、有效融入，提供了全面、多元的机制。对于整个传统手工艺发展来说，其正处于时代发展的重要阶段，将其融入现代艺术设计之中，既能体现自身价值，又能为现代艺术设计注入新活力。而在现代设计活动开展过程中，从定位的确定，乃至筛选出与设计活动相匹配的文化内涵等等，都是我们开展设计活动的必然要求。当然，融入现代设计元素，实际上也是整个设计活动创新发展的重要要求。对于云南传统手工艺之呈贡草编菱角，我们不能只是认识草编菱角的外表，更要进一步深层次地去感受它的内在。通过对草编菱角的调研和深入学习，激发了我们对草编菱角的学习兴趣，并进行了一系列的设计探索。将呈贡草编菱角在现代设计的传承创新作为主要的研究方向，结合现代设计思维与现代设计语言，进一步思考如何将传统的手工艺妥善运用到现代设计中，并将传统手工艺与现代艺术设计高度结合起来，达到在传承非物质文化遗产的同时为现代艺术设计注入新活力，从中挖掘传承与创新的价值。

第一节　风铃装置设计理论与实践

通过前面的调研，我们知道菱角基础造型有三种，分别是基础三角形、重叠三角形、五角星。三角形菱角作为菱角基本型，五角星则是由三角形延伸出来的形状。以三角形和五角星作为菱角基本型和造型基础，菱角的形状也产生很多变化与创新。菱角的造型创新与民间艺术相碰撞，与生活细节相交织，碰撞出更多富有生活气息的火花，菱角编制者也在总结生活经验的同时，赋予菱角新的生命与活力。用一个个简单的菱角穿扎起来，可以得出很多新的形状。基于菱角的造型特点，我们选取了基础三角形作为我们风铃装置艺术的主要元素。

一、材料实验过程

由于传统的菱角编制原材料以大麦秆为主，材料要求柔软、韧性好。编制菱角所需的大麦秆，在用于编制之前要经过仔细挑选。麦秆要求秆茎饱满，太短的编不了，长的才可以，基本都用中间的，不能有丝毫损害，否则会影响成品的美观。编制取材于麦秆中段，摘去枝叶，剃掉骨节，保留圆滑明亮的棍状空心麦秆。此外，在筛捡时，需要细心地将有虫眼或有明显擦损的麦秆挑出来。麦秆的长短也将直接影响编制的速率，短的麦秆十分考验编织者的专业技巧，短的麦秆在编制时往往需要接好几次才能编好一个。

传统的菱角编制对大麦秆材料的要求很高，现今因存在大量的种植问题，大麦秆的产量供不应求。基于这种现状，从环保的角度出发，我们决定寻找新材料代替传统的大麦秆来进行设计。新材料作为原材料大麦秆的替代品，不仅要柔软、韧性好，适于编制菱角，又要符合我们自己的设计需求。为了寻找合适的材料，我们开始走街串巷，奔走于各大材料市场，开启实验探索之路。下面是我们的材料探索过程：

材料一：
材料名称：彩色塑料带
材料属性：一条状具柔韧性的物料、由塑料物料制成
失败原因：太过光滑，无法折叠

材料二：

材料名称：幻丝纸

材料属性：一种柔韧性的物料

失败原因：硬度不够，过于柔软

材料三：

材料名称：电脑刻字贴

材料属性：抗拉伸性强，长期耐高温性强，折叠性强

失败原因：硬度过高，不好控制

材料四：

材料名称：纸带

材料属性：用原木纸浆经过表面处理再加工制造而成的牛皮纸

实验成功：这种纸带首先在属性上符合要求，并且它有不同的尺寸、不同的颜色。

如下即为纸带编织的小菱角（图6-1）：

图6-1　纸带编织的小菱角

二、设计调研

确定了材料，我们开始对装置艺术进行调研。装置艺术始于60年代，也称为"环境艺术"。作为一种艺术，它与二十世纪六七十年代的"波普艺术""极少主义""观念艺术"等有联系。在短短几十年中，装置艺术已经成为当代艺术中的时髦者，许多画家、雕塑家都给自己新添了"装置艺术家"的头衔。在西方已经有专门的装置艺术美术馆，例如英国伦敦的装置艺术博物馆，美国旧金山的卡帕街

装置艺术中心，由 1983 年的一栋楼发展到 2000 年的四栋楼。纽约新兴的当代艺术中心，几乎就是一个装置艺术展览馆，在它的庭院中，修筑了露天装置艺术的专用隔间。一些美术院校也开始开设装置艺术课程。在英国，哈德斯菲尔德大学已经设有专门的装置艺术学士学位。在西方当代美术馆的展览中，装置艺术也占据了相当重要的位置。以美国圣地亚哥当代艺术博物馆为例，在 1969 年至 1996 年期间，就举办了 67 次装置艺术展览。在美国，美术院校毕业的硕士生很多人都成了装置艺术家。

　　装置艺术在中国是 20 世纪 80 年代才开始被认识和兴起的。因为，美国著名的波普艺术家劳申伯格曾于 80 年代来中国美术馆办了一次展览。由此点燃了中国艺术家对装置艺术形态的兴趣火种。以致经过十多年的探索、实践发展，装置艺术越来越不仅为众多的中国艺术家和民众所认识、理解、认可与接受，并且，"装置艺术在 90 年代前期的中国美术中，已作为极有实力和潜力的艺术形式，积极地、深刻地表现着世界之今日中国之今日以及个人之今日"。装置艺术在中国的发展，也有其内在的因素。一方面，当代国际艺术的整体性发展对中国艺术家的刺激和推动；另一方面，中国社会实行改革开放以后，经济发达、国人生活水平提高、综合国力增强，社会结构中的某些方面的观念也呈现出工业或后工业社会的情势。所以，装置艺术在中国还是有了长足的发展。中国装置艺术家在装置艺术探索中，分别对当下经验、文化迁徙、观念派生等方面做出了较有深度的挖掘与表现。而在艺术形式方面，分别对分析的立体主义，特别是针对后现代艺术中多元的形式进行探索，并将中国当代精神注入其中进行有机的媒合与升华。

三、设计思路

　　通过对装置艺术的调研，对它有一定的了解，我们开始寻找符合我们想法的装置艺术作品。如下图（图 6-2）：

（1）

（2）

（3）

（4）

（5）

图 6-2　装置艺术作品参考图

对于这些装置艺术我们颇有感觉，但是在操作以及技术上存在很大的问题，理想很美好，现实很残酷，基于这样的现状，我们开始转换思路，寻找适合我们的方案，经过漫长的探索产生了新的想法，而下面这幅作品就是我们灵感的来源，如下图（图6-3）：

图6-3　韩国艺术家 SeonGhiBahk 作品

这是天然木炭建造装置艺术作品，木炭作品的设计者是首尔艺术家 SeonGhiBahk。这些宏伟的艺术设施建造使用天然木炭悬浮在尼龙线上。看过他的作品的小伙伴们想必对他的作品并不陌生，他的作品的存在超越过去和现在、短暂与永恒、现实和幻想、是与非存在、东方与西方之间的边界。这一系列作品同样是用尼龙线穿过精致的木炭块，悬挂成各种具象或抽象的造型，构造高大的柱体，密集的球形体，甚至各种抽象的液滴形态，让人们为之惊叹。

SeonGhiBahk 是一位已获得国际关注的雕塑家，他的作品在雕塑中使用"木炭"这种不寻常的材料，探讨自然与人类之间的复杂关系。Bahk 曾经说过，木炭也是从木材中来的，所以我使用的材料就是木材，没有别的。Bahk 一直抵制传统雕塑，并已有超过 17 年的时间寻找大自然中的材料，最终确定使用木材产生的木炭来制作安装他的雕塑及装置作品。他认为，艺术是视觉感受，当一个艺术家的精神可以通过视觉来被发现，这是一件艺术品能保持新鲜和永恒的重要依据。

这幅作品给我们带来巨大的灵感，我们也想利用悬浮的形式来展现我们的作品。确定了形式，接下来我们就确定我们的主题是什么，经过讨论，我们构想出悬挂风铃的方式，以山水为主题，主色调以黑色为主，编制一个个小菱角，将编好的菱角用尼龙线串出我们的山水主题（图6-4）。

图 6-4　成品图

四、设计表现

此次项目我们采用新的材料，在制作过程中我们寻找了好多种材料，如丝带、彩色塑料带、幻丝纸、电脑刻字贴，都最终失败了，而现在我们选择了纸带，纸带方便携带，容易采购，给菱角的传承和发展开辟了新的道路。在创意的菱角形态上我们保留了菱角的传统折叠方法和样式，在拼接上我们把原来的"风铃"变成了一种装置艺术品，图 6-4 是我们的成品图，成品的山水由两千个小菱角组成，经由尼龙线串成的风铃装置艺术。这是我们做的第一个关于云南呈贡草编菱角的衍生作品，结合现代艺术设计，将传统与现代结合。但是这个作品却存在一个很严重的问题——不能移动，因为尼龙线和菱角都比较轻，尼龙线无法自然下垂，而在移动的过程中，只要有一点点的风吹来，尼龙线就会在风中凌乱，打成一团。这是个很大的设计缺陷，经过我们的反复研究，这个缺陷还是无法得到解决，于是我们第一个关于菱角的设计探索以失败告终。

第二节　菱角手工包衍生品设计理论与实践

风铃装置艺术作品以失败告终，我们开始了新的探索，调整方向，重新出发。在老师的帮助下我们有了新的方向——菱角手工包。

一、材料实验过程

做包，开始新材料的探索，新材料作为原材料大麦秆的替代品，不仅要能编制菱角，又要可以用于做包，还要有现代美感。为了寻找合适的材料，我们又开始走街串巷，奔走于各大皮料、布料市场，开启实验探索之路。

材料一：

材料名称：皮革

材料属性：人造革也叫仿皮或胶料，是 PVC 和 PU 等人造材料的总称。它是在纺织布基或无纺布基上，由各种不同配方的 PVC 和 PU 等发泡或覆膜加工制作而成，可以根据不同强度、耐磨度、耐寒度和色彩、光泽、花纹图案等要求加工制成，具有花色品种繁多、防水性能好、边幅整齐、利用率高和价格相对真皮便宜的特点。

人造革是极为流行的一类材料，被普遍用来制作各种皮革制品，或替代部分的真皮材料。它日益先进的制作工艺，正被二层皮的加工制作广泛采用。如今，极似真皮特性的人造革已生产面市，它的表面工艺及其基料的纤维组织，几乎达到真皮的效果，其价格与国产头层皮的价格不相上下。

实验失败：这种人造革虽然成本较低，但它有个缺点，无法用缝纫机缝制，于是这个材料失败了。

材料二：

材料名称：民族花边

材料属性：以棉线、麻线、丝线或各种织物为原料，经过绣制或编织而成的装饰性制品，非常有民族特色。

实验成果：从实验上来看效果不错，可以保留（图 6-5）。

图 6-5　用民族花边材料制作的菱角

材料三：

材料名称：合成革

材料属性：合成革是模拟天然革的组成和结构并可作为其代用材料的塑料制品。表面主要是聚氨酯，基料是涤纶、棉、丙纶等合成纤维制成的无纺布。其正、反面都与皮革十分相似，并具有一定的透气性。特点是光泽漂亮，不易发霉和虫蛀，并且比普通人造革更接近天然革。

合成革品种繁多，各种合成革除具有合成纤维无纺布底基和聚氨酯微孔面层等共同特点外，其无纺布纤维品种和加工工艺各不相同。合成革表面光滑、通张厚薄，色泽和强度等均一，在防水、耐酸碱、防微生物方面优于天然皮革。

实验成果：从实验上来看效果不错，材料自带纹路，并且不用裁剪，可以采用（图6-6）。

图6-6　用合成革材料制作的菱角

材料四：

材料名称：真皮

材料属性："真皮"在皮革制品市场上是常见的字眼，是人们为区别合成革而对天然皮革的一种习惯叫法。在消费者的观念中，"真皮"也具有非假的含义。动物革是一种自然皮革，即我们常说的真皮。是由动物（生皮）经皮革厂鞣制加工后，制成各种特性、强度、手感、色彩、花纹的皮具材料，是现代真皮制品的必需材料。

真皮动物革的加工过程非常复杂，制成成品皮革需要经过几十道工序：生皮——浸水——去肉——脱脂——脱毛——浸碱——膨胀——脱灰——软化——浸酸——鞣制——剖层——削匀——复鞣——中和——染色——加油——填充——干燥——整理——涂饰——成品皮革。其种类也非常多，按材料分一般常见的有羊皮革、牛皮革、马皮革、蛇皮革、猪皮革、鳄鱼皮革等，按性能又可分为二层皮革、全粒皮革，绒面革、修饰面革、贴膜革、复合革、涂饰性剖层革等。

其中，牛皮、羊皮和猪皮是制革所用原料的三大常用皮种。

实验成果：采用，用于手工包制作。

经过我们的尝试，我们认为材料二、三、四这几种材质比较适合做包。

二、设计调研

确定了材料，我们开始了解包包。包的种类有手袋箱包，包括钱包、钥匙包、零钱包、手拿包、拎包、背包、书包、挎包、公文包等等。不仅用于存放个人用品，也能体现一个人的身份、地位、经济状况乃至性格等等。一个经过精心选择的皮包具有画龙点睛的作用。

从经典到现代，包饰的兴起与服装的演变有着密切的联系。自从十八世纪末，附有衣带的波浪形裙子被修身的衣服取代后，女士们便纷纷去寻找可以装载个人物品的袋子。第一个鱼网状的小袋乘势而起，这种束上长绳的小袋便于拿在手上，成为名副其实的"包饰"。几百年来，时装配件的潮流犹如时装一般，日新月异，变个不停。而它的地位也逐渐上升，成为女士们衣着打扮中不可缺少的一部分，例如包饰。基于不同的潮流文化，不同的时代状况，不同的场合，女人的包饰已演变出变幻无穷的形式。

十九世纪初，欧洲打开其世界之门，大型的旅游袋便成为进出欧洲的必需品。大袋子应运而生。

二十世纪香烟的兴起，使得小烟盒成为女士们出席交际场所的一种装饰品，小盒子式的包饰也因此被大量地投放入市场。1929 年，好莱坞明星存放粉底、唇膏的化装袋大行其道，各式的化妆袋，如贝壳、足球、门锁、花瓶及鸟笼形状的包饰，一一涌现。但到了二次大战期间，物资短缺，包饰顿时成了奢侈品，女士们的袋子都采用了粗糙的帆布料，却令当时的设计师设计出一系列的购物袋和单车袋。

二十世纪中期，女士都以名牌挂帅，包饰成为身份与权贵的象征。中期以后，人们的生活被电脑充斥着。手提电脑的兴起，令宽阔的信差袋、相机袋成为年轻人的宠儿。后期，包饰的世界变得更缤纷多彩，有简约主义的盛行，有中国的刺绣热，更有动物皮毛的应用，例如蛇皮、豹皮、鳄鱼皮等。

二十世纪初，作为时尚代表的包饰，成为司空见惯的流行物品，受当时横扫欧洲的"东方文明"风气的影响，包饰变得千奇百怪。但在那个时代，时尚还只是富人的"专利"。微薄的收入和繁重的工作使劳动阶层的妇女与时尚无缘，也与包饰无缘。

直到 20 年代，大众传播媒介日益发达，时尚已不再是上流社会的特权，各阶层的妇女都加入追赶时尚的行列。包饰也开始显现它们本身的特点。镶珠的袋子随着音乐的节拍摇晃而发生声响，和当时流行的爵士音乐奏出一首首动听的"协奏曲"。

30 年代，好莱坞电影的空前发展，它们对时尚的流行产生了巨大的影响。包饰有了流线型的外形和好的框架，朴实的材质，古朴而典雅。

充满硝烟的 40 年代，包饰设计最为强调实用性，而实用主义的潮流更受到军用设计的影响，让挎在肩头的包风靡一时，因为可以用来装防毒面具、定额配给的票据和身份证等最为实用的行头。硝烟纷飞的战争岁月虽给人们带来极大痛苦，但它却促使包饰向平民化和简单化的方向发展。

战争结束，经济逐渐复苏的 50 年代，由于战争年代的禁锢，战争结束后人们对性的渴望和竞争，女性服饰迅速地转向性感和妩媚。为配合服饰，包饰也毫不例外地走向性感和妩媚。

这一时期，摇滚乐与流行音乐已不单是一种音乐形式的革命，它形成了一种为广大青少年接受的横跨地域与文化的新语言。充满青春活力的迷你裙和裤装款式的革命也随摇滚音乐的流行而诞生。迷你裙也呼唤着新式包饰的出现，于是各种小小的、有长肩带的、式样简洁的挎包就挂上年轻人肩头。

在经济飞速发展的 70、80 年代，在某种意义上，包饰已成为文化地位和身份的象征。新的材料和设计不断推出，打破人们"投资买一个好包"的传统观念。而随着 70 年代后期新浪漫主义和古典复兴的概念注入流行服饰中，一些窄背带的挎包、钓鱼包等带有清新乡村风味的包饰背在人们肩头，也反映在经济大潮的涌动下，人们要求逃避城市的拥挤和喧闹的意愿。

在 90 年代这个时尚被年轻人所垄断的年代，前卫似乎成了时髦的代名词，高居排行榜榜首的设计是无一例外是那些擅长玩弄噱头手笔的前卫大师。而"今天才是时尚，明天又成为过去时"的潮流变幻，不得不令人发出"这世界变化之快"的感慨。包饰也无一例外地受到这股快速变化的潮流之风的影响，呈现多变的模样。

2000 年的到来，复古潮也将继续盛行，珠片袋可能成为热潮。作为新世纪女性的你是否有想过你身边的包饰到了几百年以后也能成为历史的见证。

在二十世纪里，人类创造了太多的奇迹，他们借着自己的聪明才智，积极的进取心与创造力为人类留下了无数宝贵的财富。时钟的巨轮依旧飞快向前运转，我们应坚信希望就在明天，就在我们脚下。

（一）品种分类

1. 按用途分类：

（1）公文包

公文包通常分几大格，专门存放纸张、计算器、卡片、圆珠笔、文件、公文信笺等。公文包坚实挺括，以真皮为主，也有用轧花皮革缝制的。款式有正方、长方、扁方、扁圆和大哥大式等多种，色彩以酱黄为主，携带方式包括有拎、背、挟等。

（2）摄影包

摄影包的材料。首先我们最先注意的是摄影包外在包裹的材料。通常来说，摄影包的外用质料最重要的功能是防水、防磨以及防火。这种材料大致可以分为两大类，一种是尼龙或者人造纤维，特点是防水、耐磨，不易刺穿；第二种是帆布，帆布的好处是非常贴身、舒服，容易洗涤，外表看来比较大方，但其本身并不防水。而当在帆布的表面加上一些防水保护物料，或者在两片帆布中间加上防水层时，这就具有了防水的功能了。两种质料各有各的优势，消费者可以根据自己的喜好和实际用途来选择。

至于摄影包内部所用的材料，早期的摄影包多用纸板作分格。这样的缺点是潮湿时会吸水，使得摄影包内部有湿气，而且这样的质料耐用性不是很强。摄影包多用比较厚的海绵板作分格。而摄影包底部，一般采用比较厚的海绵板，一方面是为了承托整个摄影包的重力，另外也可以有效地减少震动。

摄影包的整体设计。摄影包的设计包括很多方面的内容，包括：各个分格的空间大小，分格板的设计以及可调整性等等，如果是口袋形的，还要注意口袋的大小是否适合，取相机等物品时是否方便和安全等等。在选购时，应该现场体验一下这些设计的特点是否适合自己。另外，摄影包封口处的防水围边情况，拉链上的防盗锁扣，背带上的防滑设计等，用户在选购时最好仔细看清楚。

摄影包的大小。摄影包的这个规格参数通常用它的三维尺寸来表示。一般在产品宣传单上或者是说明书中会有说明。从大概的体积规格来看，摄影包按照大小一般可以分为袖珍包、小型包、中型包以及大型包。另外，摄影包还可以分成：单肩包、双肩包以及腰包。通常腰包是比较小巧的，而双肩包一般比较大型。在选购时，大家要以自己现有的器材为参照，同时结合自己外出旅游的相关情况做出选择。例如笔者第一次选购摄影包时使用的器材是佳能 EOS5、适马 28–200mm 变焦镜头以及佳能 50mmF1.8 的标镜，外配一个 420EX 闪光灯以及电池手柄一个。根据自己的器材以及自己不经常外出旅游的情况，笔者选购了一款长度大约一尺的单肩包。一些小件例如电池、胶卷，甚至小件的衣服等都可以装在摄影包中，使用感觉非常好。

（3）化妆包

精致小巧的外观：既然是随身携带的包包，大小就要得宜，一般建议以18cm×18cm以内的尺寸最为恰当，侧面要有些宽度，才能放进所有的物品，又能放进随身的大包包里而不显笨重。

轻便的材质：材质的重量也是必须考虑的因素，愈轻巧的材质，愈不会造成携带上的负担，布料与塑料布制作的化妆包最为轻巧方便。此外，外皮最好选择耐磨耐擦的质材，不要有过多的缀饰，才能用得长长久久。

多夹层的设计：因为放在化妆包中的品项很细碎，有很多小东西要摆放，因此有分层设计的款式，会更加容易将东西分门别类收好。愈来愈贴心的化妆包设计，甚至还隔出了口红、粉扑、笔状工具等专用的区域，如此多分隔的收纳，不但能够一目了然清楚掌握东西摆放位置，还能保护它们不因彼此碰撞而受伤。

挑选适合自己的款式：这时要先检查一下平常习惯携带的东西种类，如果品项中以笔状物品及形状扁平的彩妆盘居多，那么宽扁且多分层的款式就相当适合；若是以分装的瓶瓶罐罐为主，形状上则应该挑选侧面看起来较宽的化妆包，如此可以让瓶罐立正站好，里面的液体才不容易渗漏出来。

（4）休闲背包

穿着便服、休闲和逛街时用的皮包，可选用造型活泼、颜色鲜艳的皮包或背包，这与轻松的心情和装扮相配。参加晚宴等正式场合，应选用比较考究的皮包，这样既与礼服相配，也是对主人礼貌的表示。出席宴会时最好使用手挽式或背式皮包，不用手拿皮包，以免在交换名片或取用餐点时，造成麻烦。

2.按功能分：

（1）伸缩包

包内无固定的支架，软而有韧性。它式样繁多，有背带式，有手提式，有的集皮包与钱包为一体，包里面通常有两三个暗袋，可供放钞票、钥匙、化妆品，适合青年女性使用。

（2）拉链背包

它对参加远道会议或进行野外作业的女性最为适用，但刚开始使用一般难以习惯，背带易夹头发，多用几次便自然了。一般做工精良的皮包，皮质优良富有光泽，背带长度能调节自如。包的位置以放在腰与髋骨之间比较合适，而且方便。一些特大的挎包，只要手能自由进出即可，包带不宜长。有些背包可收起背带变成挎包，一包两种携带方式，可随意选择。而双肩背包，更使年轻女性充满青春朝气。

（二）样式

包包的样式大致分为单肩、双肩、斜跨和手拎包，经过科学分析表明，从省力和健康的角度来说，最好的是双肩包，其次是斜挎包、单肩包，最不好的是手拎包或把包挂在前臂上。这是因为双肩背包受力最均匀，而单肩背包由于单侧肩膀需要承受较大的重力，容易导致高低肩和肩膀疼痛，斜挎包可以把肩部受到的重量分散到后背和腰部，更省力一些；如果把包拎在手里，时间长了，手臂和肩膀会发麻、无力；还有很多人喜欢把包挂在前臂上，觉得得体大方，殊不知，手腕长时间处于同一姿势或过度使用腕力，会因反复慢性的疲劳损伤而导致腕管综合征。特别提醒：除了背包的类型，选择背包时还要注意，不宜过大；放的东西不要太多，以背上后轻松、没有压迫感为宜。如果东西实在太多，可以分开装；双肩包、单肩包的包带越宽越好，细肩带压在肩膀上，受力面积小，压强增大，久背后会加剧肩颈部的肌肉劳损。

（三）保养

1. 早期开始适当做皮革护理

看上去只用了一两年的新包，实际年龄已经超过了40岁，在纽约、巴黎等vintages潮店里，各种古董包各领风骚。要想自己的美包也成为"不朽经典"，早期就要使用专业的皮革护理产品细心保养。这是包包护理的最大秘诀。绝对不能只在包包受损后才送去专业店保养，这样往往已经"追悔莫及"。

2. 正确的使用习惯

正确的使用习惯，可延长皮具使用寿命。新包一定要避免与硬、锐物发生碰撞、刮擦，以免表面皮革刮花。包内避免放过重物品，以免起皱、变形。长时间的直射光线及暖气，会使包包脱色、变色以及变形。女生的化妆水之类的东西最好不要直接放在包包里，一定要使用化妆包。

3. 秋冬换季细心收藏

秋冬换季时不用的包包要及时收藏，可用海绵或软布擦去包袋上的灰尘。然后用纸团填充包袋，使其保持原形状。最后用包包原配的无纺布袋包好，并在包包内放一两颗樟脑丸或一包防潮剂，把包放置在干净通风处保藏，如有百叶门的柜子就较好，同时柜子里最好不要放太多的物品。

4. 油渍的处理

（1）产品在清洗时可用洗洁精直接刷洗油渍处，若非黑、红等深彩色面料可用洗衣粉轻刷。

（2）纯白面料可用较稀的漂白水（1∶10稀释）直接用牙刷刷油渍处，即可除去。

（3）用洗洁精浸泡10分钟（每盆水中加放6滴洗洁精，搅拌均匀），再作常规处理。

（4）在清洗前先用草酸稀释后用牙刷蘸取擦拭污染处，再进行常规处理。

5.圆珠笔迹的去除方法

（1）有颜色面料的圆珠笔迹，可用95%酒精处理。

（2）在清洗前，用清洁剂直接刷在笔迹处，不可沾水，停放5分钟后常规处理。

6.面料褪色的处理方法（除黑色面料）

（1）用浓盐水浸泡1分钟。

（2）将盐水换为清水，用肥皂水软刷均匀轻刷。

7.发霉现象的处理

用40度的温热肥皂水浸泡10分钟，再进行常规处理，对于纯白面料的产品可在用肥皂水浸泡后，将发霉处放在太阳下晾晒10分钟后，再进行常规处理。

8.送至专业护理机构养护

平时应定期使用同色系的鞋膏擦拭包袋，使皮料保持光亮润泽，切忌使用液体鞋油。给皮具上鞋膏时，应先涂在软布或海绵上，再拭擦包袋。如果缺少专业工具，建议送至专业护理机构进行养护。

（1）皮质包

过季要收藏的皮包，在收纳前得先清洁其皮面，且皮包内要放入干净的碎纸团或棉衫，以保持皮包的形状，然后再将皮包放进软棉袋中，收藏在柜中的皮包应避免不当的挤压而变形。收纳皮制品的柜子必须保持通风，例如有百叶门的柜子较好，同时柜子里最好不要放太多的物品。皮革本身的天然油脂会随着时间愈久或使用次数过多而渐渐减少，因此即使是很高级的皮件也需要定期做保养。

皮革素材的包主要由牛皮、羊皮、猪皮、PVC料、麂皮等做成，主要成分是蛋白质，所以都容易受潮、起霉、生虫。为此，在使用真皮包包时，要避免接触油污、酸性和碱性等物质。真皮包包应定期送到专业皮革保养店中进行彻底清洗、消毒。在运用专业设备和工艺的清洗过程中，加入去霉、杀菌的专用药剂，将各种病菌、霉菌彻底清除，从根本上避免了发霉现象的产生。全面清洗后再妥善保存，这对保持其原貌、延长穿着寿命有重要的作用。

皮包大都会附上保养说明，应注意以下几点：

①一般皮类的包需要经常上保养油，不定期的清洗，做法是将油抹在干净的棉布上，然后再均匀地擦拭表面，避免将油直接涂抹在皮件上，以避免损伤了皮件，特别注意的是避免化学物质的损害，硬质的皮包避免被坚利物撞击或划伤。

②皮革吸收力强，应注意防污，高档磨砂真皮尤其要注意。

③每周一次用干毛巾沾水后拧干，重复几次进行轻拭。

④若皮革上有污渍，用干净湿海绵沾温性的洗涤剂抹拭，然后让其自然干。正式使用前可在不显眼的角落试用一下。

⑤若沾上油脂，可用布擦干净，剩余的由其自然消散或清洁剂清洁，不可用水擦洗。

⑥皮件上五金保养，应在使用后以干布擦拭。如微氧化，可试以面粉或牙膏轻轻擦五金即可。

⑦漆面皮革一般只需用软布料擦拭即可，自身的光泽度足够，且不易吸附灰尘。

⑧光泽皮革保养，请使用少许皮革保养专用油沾于软布料上，再稍用力在皮革上摩擦。

⑨无光泽皮革保养，平时只需用布轻拭，若污垢严重时，可试以类似橡皮的橡胶轻轻擦拭去除。

⑩皮革本身的天然油脂会随着时间久远或使用次数过多而渐渐减少，因此即使是很高级的皮件也需要定期做保养。

⑪皮件如产生斑渍黑点，可试以同色皮料沾酒精轻拭。麂皮制品受污时，可直接用橡皮擦掉，保养时再用软毛刷顺着毛质方向刷平就可以了。

⑫应小心保护所有金属配件及拉链，潮湿及盐分高的环境会造成五金的氧化。

（2）布艺包

布艺包的面料一般为帆布、牛仔、棉，内衬一般为尼龙和棉质，一般来说，布艺包都可干洗或者水洗，条纹较多、颜色较亮丽的布艺包一定要干洗，否则会褪色。弄脏的布艺包可用清水加上少量的洗洁精，用小绒刷顺纹路来回轻刷即可。一般的布艺包经常用小绒刷轻刷去尘便可，有的可用熨斗适当熨一下，保持它的形状美观。

帆布、棉质包保养要点：

盐水浸泡15分钟，使用肥皂及软刷刷洗，低温手洗，反面晾干，中温熨烫，注意含皮质产品不可浸泡，避免阳光暴晒，清洗前将活动配饰取下。

（3）绒面包

先按常规清洗方法清洗干净，然后可以用温性溶液将毛绒部分再清洗一遍。在晾晒时要注意将毛绒部分朝上；如遇阴雨天气，最好使用烘干机。再次清洗毛绒部位时，用肥皂温性水溶液、洗洁精温性水溶液亦可，其中衣领净在保持产品颜色鲜度、避免褪色方面，较其他洗涤剂效果要好，所以还是建议多用衣领净。

（四）搭配

1. 造型

选择一个合适的包包来搭配你的造型，能为你的整体造型加分不少，但选错了包包，不但不会为你的造型增色，反而会让造型看上去十分失败。因此女人在注重服装的同时，包包的搭配也十分重要，今天我就告诉大家如何选择适合自己风格的包包，希望能为大家日常搭配提供一些帮助。

（1）稳重型

这一类的包包比较适合上班族，颜色多以黑、咖啡、白单色系或者深色格纹为多。考虑到白领工作时需要穿着正装，且服装色彩也多以黑、白、咖啡等深色系，因此选择的包包在款式和细节上应当具有鲜明的风格，像流苏、铆钉、金属链、镶嵌装饰等细节，都能为一身沉闷的色彩增加亮点。

（2）休闲型

这种包包比较随意，斜挎、背包、单肩为主，最适合外出逛街、郊游时使用。这类包包体积一般比较大，有充足的容量，而面料上多以帆布、牛仔布面料为主。而且这类包包非常适合 DIY，喜欢在包包上装饰徽章、挂件的女生，可以尽情地施展你的搭配才华啦。

（3）奢华型

这种包包使用的机会相对比较少，一般适用于宴会、舞会、婚礼等场合。在面料的选择上，可以选择绸缎、珠片等华丽闪亮的材质，款式上以提包和手包为主，体积最好选择小巧型，可以尽显女性的端庄、优雅。

（4）明朗型

这一类型的包包顾名思义，颜色丰富鲜艳，样式活泼，带给人清新的感觉。这一类的包包在春夏两季使用比较频繁，因为这个季节的衣服色彩多以浅色为主，正好搭配色彩艳丽的包包，不过这类型的包包最好不要选择过大的款式，因为我个人认为，色彩艳丽的大包更适合欧美人高挑的身材和肤色，亚洲人很难背出那种热带风格，所以还是选择小巧的款式安全系数比较高。

（5）可爱型

这类包包被广大的女生群体所喜爱，这种包包款式新颖、样式可爱、面料不一，可供广大的女生群体们进行选择。这种包包适合活泼、可爱、外向、开放的女生们进行使用。这类包包无论春夏秋冬都适合使用，而且无须再搭配任何挂饰进行装配，包包自身就已足够可爱。

2. 色彩

黑色包包——高贵，优雅，神秘，性感，韵味。可搭配衣服的颜色：白、灰、米、蓝色。

白色包包——清朗，安宁，纯洁可搭配衣服的颜色，可与一切颜色相配。

灰色包包——成熟的中性色可与任何颜色搭配。

咖啡与米色包包——成熟、老练、宁静（冷米、暖米），可搭配衣服的色彩：基本色（黑、白、灰、蓝）。

蓝色包包——深邃，神秘、安静、清爽、理智、深沉可搭配衣服的颜色：基本色白色和黑色（包、鞋）。

深浅蓝包包——黄色、红色。

红色包包——热情与浪漫、性感。可搭配衣服的颜色——黑、白、黄、蓝、绿色。

绿色包包——大自然的色彩，清凉，生机。可搭配衣服的色彩：最宜黑、白及各深浅绿，也可与邻近黄色，互补红色（最好不用纯色）。

粉色包包——独一无二的女性色彩。可搭配衣服的颜色：白色、黑色、深浅粉、玫瑰色。

紫色包包——高贵优雅的色彩，女人喜欢，却又是难以搭配的颜色。可搭配衣服颜色——同色系深浅不同紫色；黑色、白色、黄色、灰色。

橙黄色包包——激情与充满活力的色彩。可搭配衣服的颜色——橙、黄之间各色；可与基本色、白、黑、绿色，各种蓝图案服装。

在包包、饰品与服装的搭配之中，色彩起着举足轻重的作用。整体同色系却层次深浅分明的搭配，可营造大方典雅的造型。包包与穿着颜色呈强烈对比，如黑色洋装搭配艳红包包与鞋子，是眼前一亮的个性搭配；包包也可以是在碎花裙或印花上衣的图案中所选择的任何一种颜色，整体感觉活泼却不失优雅格调。

（五）手工皮包制作工具（图6-7）

图6-7 材料全家福

1. 垫板（图6-8）：把皮子放在上面进行划线，切割，避免对桌子造成伤害，有很多尺寸可供选择，建议买个尺寸大一点的。

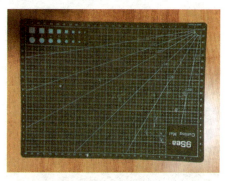

图6-8　垫板

2. 冲板（图6-9）：用菱斩打孔的时候，垫在下面的。

图6-9　冲板

3. 裁皮刀和美工刀（图6-10），是做包的常用工具。

图6-10　裁皮刀和美工刀

4. 钢尺（图 6-11），用于划线。

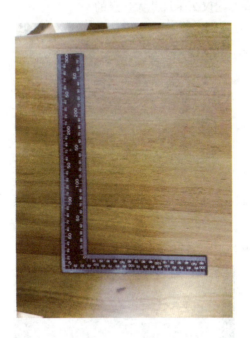

图 6-11　钢尺

5. 锤子（图 6-12）：敲菱斩用的。

图 6-12　锤子

6. 菱斩和菱钳（图6-13）：打孔和划线。

图6-13　菱斩和菱钳

7. 挖槽器（图6-14）：先挖槽，再打孔，这样缝的时候，线和皮在同一个平面，减少摩擦，延长线的寿命。

图6-14　挖槽器

8. 胶水：黄胶。

9. 打磨棒（图6-15），用于打磨。

图6-15　打磨棒

10.线（图6-16）：1、5是圆蜡线，0.7毫米和0.6毫米的，2、3、4是扁蜡线，适合新手。圆蜡线缝出来的好看，很有立体感。

图6-16　线

11.油（图6-17）：加脂油和牛角油，纯色的植鞣革加了油之后，颜色会变深，而且很柔润。

图6-17　油

12.针和锥子（图6-18）：针缝皮，锥子用来打特殊地方的孔。

图6-18　针和锥子

13. 蜡（图6-19）：上面两块是皮边蜡，下面的是线蜡。

图6-19　蜡

14. 四合扣和安装工具（图6-20）。

图6-20　四合扣和安装工具

15. 拉链（图6-21）：做手包用的拉链。

图6-21　拉链

16. 植鞣革（图6-22）：各种厚度的植鞣革，分各种厚度，皮的质量绝对和价格成正比，如果贪便宜买回来有瑕疵的，整块皮就废了。

图6-22　植鞣革

三、设计思路

通过对包包的调研，我们对包包有了更深一步的了解，开始制定云南呈贡菱角衍生品创作——手包设计方案。我们制定了三套方案，如下：

（一）方案一（图6-23）

衍生品-1

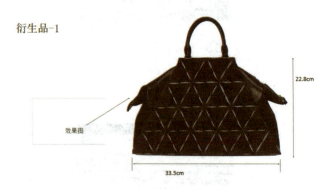

效果图

22.8cm

33.5cm

图6-23　菱角手提包

名称：菱角手提包

设计说明：本包是用皮的菱角折成一个图案（图6-24），两边采用软皮，中间菱角部分坚挺，手提和斜跨两种背法，整个包包呈现黑色，而菱角的下面的灰色布作为点缀，菱角的部分作为整个包包的亮点。

图6-24　皮制菱角

因为手工原因，每个菱角的大小不是完全一致，都有大概 1-4mm 的差距。每个菱角折 3 层，所需长度 43.5cm，每个菱角厚度大概 1cm。

所需材料：

黑色仿皮革条（宽 3cm）

每个菱角折 3 层，所需长度 43.5cm

折后菱角厚度大约 1cm

下图为皮包制作示意图（图 6-25）：

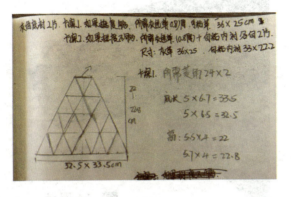

图6-25　皮包制作示意图

所需菱角 48 个

所需菱角下面的灰衬 2 片

方案 1：可粘革尺寸：36cm×25cm

方案 2：自粘内衬（33cm×22.2cm）+ 灰革 36cm×25cm

材料展示图：自粘内衬（图 6-26）

图 6-26　材料展示图 - 自粘内衬

黑色鹿皮绒 PU 皮革面料软皮（图 6-27）

图 6-27　黑色鹿皮绒 PU 皮革面料软皮

所需黑绒皮面料

正反面长 13（宽度）+33.5+4（折边）=50.5cm

正反面高 28.8cm（算折边）

底 36cm×30cm（算折边）

双提手条：5cm×28cm、101cm×28.8cm、36cm×30cm（设计图见图 6-28）

图 6-28　包包设计图 正反面

深棕色布匹—里衬（大约厚度 1mm）

正反面长 12.8（宽度）+33.2+4（折边）=50cm

正反面高 24cm（算折边）

底 33.2cm×12.8cm（算折边）

100cm×24cm

33.3cm×12.8cm

包内隔层：长 12.8（宽度）+33.2+4（折边）=50cm

高 24cm（算折边）

小钱包：14cm×13cm 算折边

插卡包：8.6cm+1cm×2

4 个小号双面铆钉

拉链 2 条

外：玉米牙拉链 32mm×34cm

内：Y 拉链 32mm×14cm

手缝蜡线黑色

所需工具

工艺锤、缝纫机+手缝纫机、剪刀、珠针、粉笔、卷尺、熨斗、间距轮（打眼工具）、手缝针、钻孔锥。

（二）方案二

名称：大麦菱角羽毛包

设计说明：本包是用大麦秆折叠的菱角组成的定制款篮子竹把手编织包羽毛水桶包，整个包包呈大麦秆原色，包包开口围有一圈羽毛点缀，包包拎手采用炭烧色竹节，一款清新甜美的手工包。（图6-29）

图6-29　手编织包羽毛水桶包

因为手工原因，每个菱角的大小不是完全一致，都有大概1-4mm的差距。每个菱角所需长度40cm，厚度为5mm左右。

所需材料

大麦秆（40cm170支）

纯棉白色手工布料（60cm×30cm）

竹节拎手（炭烧色外径14cm）圆形扣（前后开孔）

蓝色羽毛（100根）

粘底衬（20cm×20cm）

浅黄色毛毡（60cm×30cm）厚度2mm

浅蓝色丝带（60cm×3cm）

所需工具

粉笔、缝纫机、剪刀、熨斗、图样模板、螺丝刀、胶水、白色和浅黄色缝纫线。

详细过程

（1）根据图样裁剪一块毛毡布，确定每条缝纫线间距。（虚线为缝纫线）（如图6-30）。

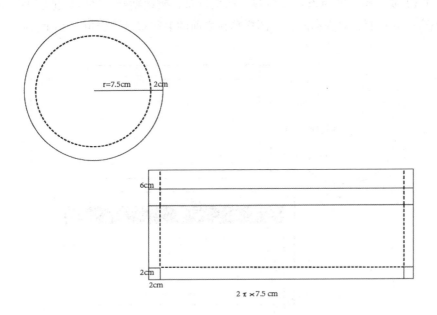

图 6-30 裁剪毛毡布图样

（2）把编织好的菱角在毛毡布上定好点，在图样黑色区域把菱角固定在图样黑色区域（菱角缝制方法），选用浅黄色缝纫线，确定好每一排第一个菱角与最后一个菱角的位置（便于最后衔接在一起）（图6-31）。

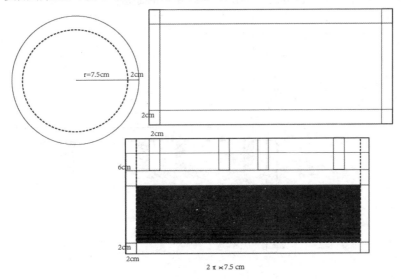

图 6-31　菱角缝制方法图样

（3）取一条浅蓝色丝带，剪裁一条里衬布，熨烫粘合，平铺，把羽毛跟布粘在粘合衬的一面，对齐粘满，按图样粘在之前的毛毡布上（菱角面）（图6-32）。

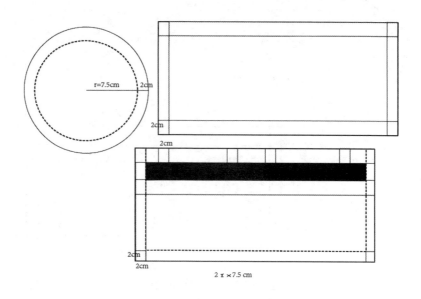

图6-32　菱角粘在毛毡布上图样

（4）根据图样裁剪4块白色棉布作为拎手的布带扣（图6-34），对折熨烫，套上拎手圆形扣，用白色缝纫线固定在缝好菱角的毛毡布上。（图6-33）

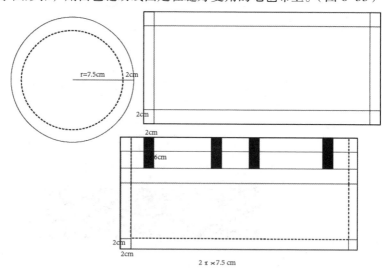

图6-33　拎手布带扣裁剪图样

图 6-34　拎手布带扣

（5）根据图样裁剪一块白色棉布作为里衬，确定每条缝纫线间距。（虚线为缝纫线）（图 6-35）

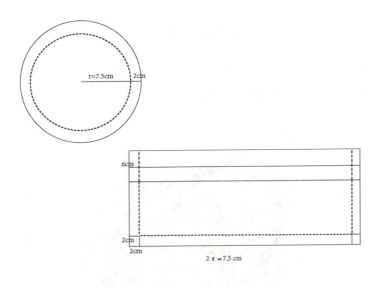

图 6-35　裁剪里衬图样

（6）把缝好菱角的毛毡布布面朝上，裁好的白色棉布放在上面，对齐，按图样虚线缝在一起，先缝长边，侧面围起来，呈圆柱形，面部朝外，菱角面朝里，缝边。

（7）根据图样裁剪一块白色棉布和粘底衬，熨烫黏合，作为包底布，与上一

步缝好的圆桶底部按虚线缝合（虚线为缝纫线）（图 6-36）

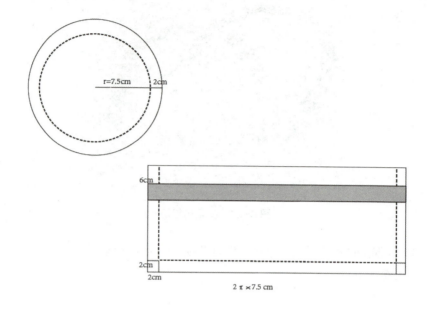

图 6-36　缝合图样

（8）把整个包的里部翻到外面，而所有的针脚都会藏在里面，菱角朝外，用螺丝刀扣上竹节拎手（图 6-37），袋子成型。

图 6-37　竹节拎手

（三）方案三

名称：菱角圆鼓包（图6-38）

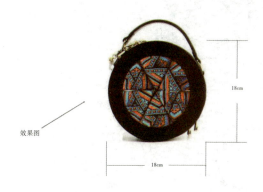

图6-38　菱角圆鼓包

设计说明：本包是用花边编制成菱角，将菱角合编成六边形，镶嵌在黑色皮革里结合形成富有特色的圆鼓包。（图6-39）

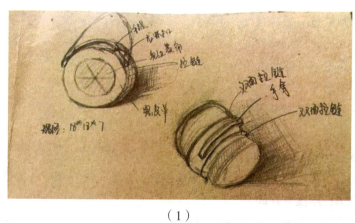

（1）

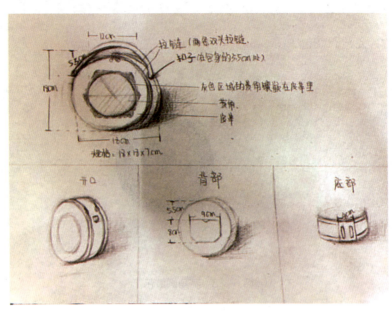

（2）

图6-39　菱角圆鼓包设计草图

品名：圆鼓包

规格：18cm×18cm×7cm

元素：黑皮革搭配花边菱角

包形：圆形

结构：双面拉链开口，前后均可开合

功能：单肩、斜挎、手提

所需材料

黑色皮革、花边辅料、粘合衬、褐色里衬、扣子（图6-40）、肩带、拉链。

黑色皮革：厚度0.1cm

实际尺寸需正反面：宽18cm×长36cm

侧面：宽7cm×长57cm

留缝份1.5cm需正反面：宽21cm×长21cm

侧面：宽10cm×长60cm

花边辅料：一个菱角需60cm、需六个共长360cm

黏合衬：

实际尺寸需正反面：宽18cm×长36cm

侧面：宽 7cm× 长 57cm

留缝份 1.5cm

需正反面：宽 21cm× 长 21cm

侧面：宽 10cm× 长 60cm

褐色里衬：

实际尺寸需正反面：宽 18cm× 长 36cm

侧面：宽 7cm× 长 57cm

内侧：宽 7cm× 长 18cm

留缝份 1.5cm

需正反面：宽 21cm× 长 21cm

侧面：宽 10cm× 长 60cm+

内侧：宽 10cm× 长 24cm

8mm尺寸图

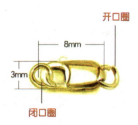

图 6-40　扣子

（图 6-41）：短款：18cm（用于手提）

长款：110cm（用于单肩背和斜挎）

图 6-41　肩带

拉链（图6-42）：金属拉链，长52.52cm，需两条

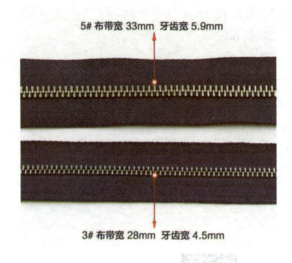

图6-42　拉链

所需工具

粉笔、缝纫机、熨斗、图样模板、针线、剪刀。

（四）设计表现

在制定完三个方案后，我们对其中第一个方案进行实验，通过对半成品的观察（图6-43），结果并不如意。一方面，显得很粗糙；另一方面，做出来的东西深度不够，因为是纯手工制作，消耗相当大的人力物力，耗时效率低。假如东西做出来了，意义也只局限于一锤子买卖，这与我们最初的传承与创新想法不符，不具备现实意义，基于此，我们只能终止做菱角包的方案。

图6-43　方案——半成品

第三节　小学生草编菱角科普材料包制作理论与实践

　　总结前面两次失败的经验，我们认识到，对非遗的传承与创新不能只在形式感上，最大意义是让云南呈贡传统的手编菱角走上一条活态传承的道路。它不应成为博物馆里的活化石，要走进现代生活，才是非遗长远传承、真正活下来的方式。非遗需要被传承下来，需要走入生活。由此，在老师的指导帮助下，我们想到了可以将云南呈贡传统的手编菱角工艺做成小学生手工包教程，让小学生动手的同时了解非物质文化，并将其传承下来。青少年是祖国的未来，祖国的希望，从青少年入手，具有非常大的现实意义。

一、设计调研

　　我们所面临的受众群体中还有小学生这一群体，所以为减少局限性和增强其他可能性，我们决定引用定性研究，对小学生群体进行多方位的提问，并为此我们设计了系统的调查问卷。考虑到部分小学生年幼无法完成网络问卷调查填写，所以我们小组深入云南省昆明市呈贡区下庄村中心小学进行访问并完成网络问卷填写。

　　在收集到 100 份调查问卷后，我们利用网络资源生成了数据报表。

　　亲爱的小朋友：你好！我们是云南艺术学院的学生，为了了解小朋友们对于草编菱角的了解情况和安全问题，我们特此进行这次问卷调查。这次问卷不需要填写姓名，你只需在适当位置填写或选择答案就行了，我们会对问卷结果保密。请如实、认真填写。谢谢合作！（不能选的题可以跳过不选哦）

　　Q1: 你的性别是

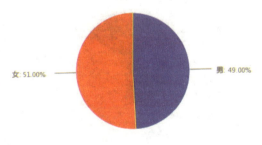

女: 51.00%　　男: 49.00%

选项	回复情况
男	49
女	51

回答人数 100

Q2: 你多大了呀?

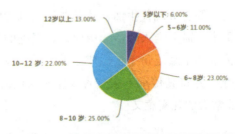

选项	回复情况
5 岁以下	6
5~6 岁	11
6~8 岁	23
8~10 岁	25
10~12 岁	22
12 岁以上	13

回答人数 100

Q3: 你上几年级呢?

选项	回复情况
一年级	17
二年级	14
三年级	16
四年级	17
五年级	14
六年级	18

回答人数 96

Q4: 你知道云南省的非物质文化遗产吗?

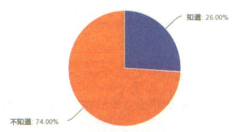

选项	回复情况
知道	26
不知道	74

回答人数 100

Q5: 你知道呈贡区的非物质文化遗产中的草编菱角吗?

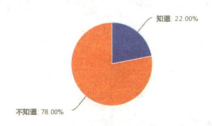

选项	回复情况
知道	22
不知道	78

回答人数 100

Q6: 你周围的人（比如爸爸妈妈，叔叔阿姨，爷爷奶奶等）有从事菱角编织工艺或是菱角保护、宣传的工作吗？

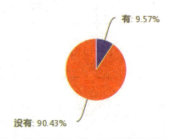

选项	回复情况
有	9
没有	85

回答人数 94

Q7: 你是通过什么方式了解到草编菱角的呢？（可多选哦）

选项	回复情况
网络	9
电视	13
家人或亲友告诉	15
其他	7

Q8: 你知道呈贡区的非物质文化遗产中的草编菱角吗?

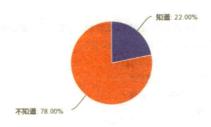

选项	回复情况
知道	22
不知道	78

回答人数 100

Q9: 那你了解到的菱角都有哪些颜色呢? (可多选哦)

选项	回复情况
红色或玫红色	24
黄色或橙色	20
蓝色	16
绿色	17
其他	10

回答人数 33

Q10: 你知道的菱角都有哪些基础形状？（可多选哦）

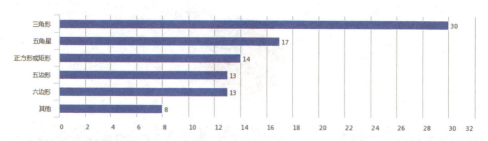

选项	回复情况
三角形	30
五角星	17
正方形或矩形	14
五边形	13
六边形	13
其他	8

回答人数 34

Q11: 您知道的菱角都有哪些作品？（多选）

选项	回复情况
小船	24
小鱼	18
莲花	17
其他	16

回答人数 31

Q12：那您觉得菱角还可以延伸出哪些创意作品或者可以变成其他的什么呢？
（可简答，比如把菱角变成小鸭子等等）

序号	答案	序号	答案
1	抱枕，杯子，遥控器，无人机	31	蝴蝶结
2	花盆，花球	32	枕头，被子
3	锅	33	衣服，裙子，鞋子
4	纽扣	34	犀牛，河马，大象，枪，汽车，摩托车
5	三角形的盘子	35	灯，挂在墙上的风铃
6	葫芦，勺子	36	钢琴，书，项链，鞋子
7	骰子，三角形的扑克牌	37	装饰房间，变成公鸡
8	游戏机	38	飞镖，飞碟
9	手机，玩具，电脑	39	小鸡，小牛，小乌龟，小蜻蜓
10	笔，挂钩	40	书包，玩具
11	金字塔	41	钥匙挂坠
12	房子，门，圣诞树，铃铛	42	花
13	轮船火箭模型	43	箩筐，挂坠
14	包包	44	剑，乌龟，变形金刚
15	头花，头带	45	装饰品
16	音响	46	飞机
17	挂饰门帘	47	变成一些生活中常见的东西
18	糖果，蛋糕	48	可以把菱角变成飞机吗
19	地毯	49	设计在笔上
20	小猪佩琪，米奇米妮，熊大熊二	50	菱角变成小天鹅
21	手机壳	51	设计笔
22	项链	52	带在身上
23	纸盒	53	可以变花瓶
24	鞋子，衣服裤子，帽子	54	课本图案

（续 表）

序号	答案	序号	答案
25	月饼，饼干	55	我喜欢枪
26	小兔子	56	我喜欢芭比娃娃
27	窗帘，桌布，笔筒	57	变成书皮
28	粽子	58	蝴蝶，还可以变成手链项链
29	椅子，凳子	59	变成大炮，飞机，鱼
30	笔，文具盒，贴纸		

受访人数 59

Q13：你能正确地使用剪刀吗？

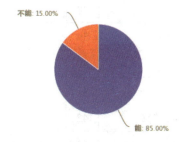

选项	回复情况
能	85
不能	15

回答人数 100

Q14：你能正确地使用胶水或者胶棒吗？

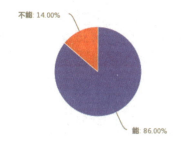

选项	回复情况
能	86
不能	14

回答人数 100

Q15: 当你拿到玻璃球时你会把它当成一种食物吗?

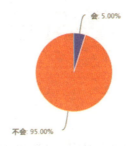

选项	回复情况
会	5
不会	95

回答人数 100

Q16: 你有过被玻璃划伤的经历吗?

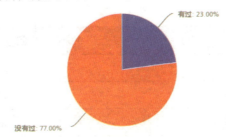

选项	回复情况
有过	23
没有过	77

回答人数 100

Q17: 你平时喜欢购买玩具吗?

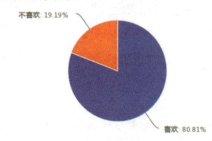

选项	回复情况
喜欢	80
不喜欢	19

回答人数 99

Q18: 你都喜欢购买什么颜色的玩具呢?(可多选哦)

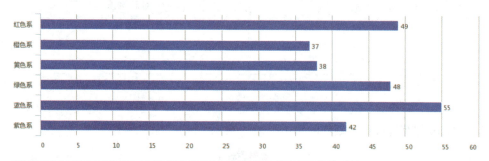

选项	回复情况
红色系	49
橙色系	37
黄色系	38
绿色系	48
蓝色系	55
紫色系	42

回答人数 98

Q19: 你平时购买玩具的数量多吗?

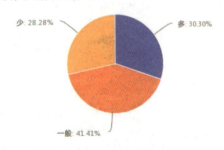

选项	回复情况
多	30
一般	41
少	28

回答人数 99

Q20: 你一周大概购买几次玩具呢?

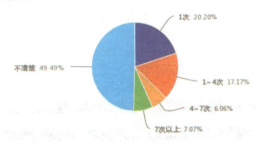

选项	回复情况
1 次	20
1~4 次	17
4~7 次	6
7 次以上	7
不清楚	49

回答人数 99

Q21: 你一次会购买多少钱的玩具呢?

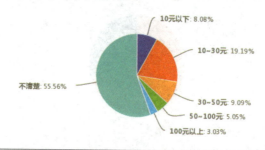

选项	回复情况
10 元以下	8
10~30 元	19
30~50 元	9
50~100 元	5
100 元以上	3
不清楚	55

回答人数 99

Q22: 你平时都是谁给你购买玩具呢?

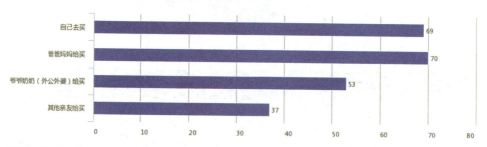

选项	回复情况
自己去买	69
爸爸妈妈给买	70
爷爷奶奶（外公外婆）给买	53
其他亲友给买	37

回答人数 100

通过调查显示，菱角作品的形式和色彩搭配一直没有进展性的突破，我们所设想的创作是全新的表现形式和材料选择，力求能做到与众不同，并且在保留云南非物质文化遗产的同时又能结合创新设计理念，具有云南艺术学院特色的设计作品。能够打乱目标受众的期许，保证使用者绝对的安全的前提下向他们展示一些原创的，和他们至今为止的体验都毫不相关的东西。力求改善其用途，拓宽其需求领域。

以上调研结果为我们而后的设计创作从选材用料、制作方式、表现形式以及对我们的创作所想要赋予的情感产生了巨大改变和灵感来源，将云南呈贡传统的手编菱角工艺做成小学生手工包教程，让小学生动手的同时了解非物质文化，并将其传承下来，具有非常大的现实意义。

二、设计思路

小菱角产品是以传承云南省非物质文化遗产之呈贡草编菱角的一系列满足于多个年龄阶段的玩具，六种产品手工包选择，从简到繁，多彩多色丰富孩子的世界，培养孩子动手能力，训练视觉能力，外观精致表现，不仅促进亲子互动，培养与增进彼此的感情，还能让传统菱角编织得以传承。

首先确定主题：

一年级：水晶球；

二年级：许愿球；

三年级：小船儿；

四年级：小鱼风铃；

五年级：小绣球；

六年级：小花帽。

在我们的材料包里附有说计说明书、相关教程让小学生在动手中了解非物质文化，从而达到传承的效果。

三、主题概述

（一）菱角简介

菱角是从中原文化和楚文化中发展成为的具有独特造型方式的丰富民族文化，是民间造型艺术。在云南，呈贡可乐村成为草编菱角的发祥地之一，相传具有久远的历史。呈贡的草编菱角是端午节滇池地区的人们所要表达的象征的集中表现，它承载着几千年中国端午节民俗文化的内涵，也给云南创造了民间独特的风韵。

草编菱角是云南省呈贡区可乐村一项历史悠久的民间手工艺，是云南非物质文化遗产之一。在过去呈贡草编菱角是人们端午节使用的纪念品，是用来换取经济利益的必需品，承载着传统民族文化的内涵，创造了云南传统的艺术风韵，成为美好的老昆明记忆。呈贡草编菱角材料选择苛刻，要求麦秆光亮、性质柔软、韧性好、秆茎饱满、长度适中，便于编制，是经过专植大麦秆破展开后编织而成，小小的菱角看似简单，整个流程下来需要十三道工序，需要耐性与精力，根据需要的长度整理好，去掉麦穗和包裹的茸皮，在裁剪的长短有致，放入清水中浸泡，待其柔软后就可捞起，把大麦秆破展成片。紧接着把整理好的麦秆在燃料中进行煮染，晾干，然后就可进行编制了，以三角形为基础展开，对齐，编绕，每条边都能看到重叠的效果。一个个编制好的菱角要自然风干便于保存，避免太阳暴晒以防止开裂。一个个基础的菱角就做好了，然后用针线把菱角串接起来，缝制成各式各样的形状，经历了历史，历经了沧桑，经过岁月的洗礼才留下如今的文化成就。呈贡草编菱角基础造型有三角形、五角星形，成品造型有小船、小鱼、绣球、莲花等。它造型丰富，出自云南，自然具有七彩云南的特点，菱角大多采用红、黄、蓝、绿等明亮的颜色，其颜色煮染时加水量、染料的比例都十分讲究。王桂英是非物质文化遗产之传统草编菱角的第一任传承人，也是呈贡可乐村草编菱角的带头人，现已去世，享年85岁，留下得意之作《莲花》。

当前为王桂英之女李留美任职第二任代表性传承人，且获得多项手工艺活动奖项，为呈贡草编菱角打造了一张美丽的名片。草编菱角手工艺品看起来简单，但纯手工制作，要做一个成品是需要大量的时间与精力，目前编制菱角和传承草编菱角的人越来越少，草编菱角是我国传统手工艺，所以保护传承传统文化，从我们做起。

（二）手编菱角科普材料包

小菱角产品是以传承云南省非物质文化遗产之呈贡草编菱角的一系列满足于一至六年级孩子的手工玩具，具体有六种不同搭配的科普材料包选择，根据不同年龄段手工能力设计，从简到繁，培养孩子动手能力，训练视觉能力，丰富孩子多姿多彩的世界，手工制作时，不仅能传承传统手工艺还能促进亲子互动，培养与增进彼此的感情，让传统菱角编织得以延续。

（三）功能说明

①锻炼学生动手能力，传承非物质文化。
②有助于开发智力。

③锻炼学生自主学习、手眼协调的能力。

④有利于孩子们想象力与创造力的培养，拼出乐趣，玩出智慧。

⑤发展学生感知美、创造美的能力。

⑥促进亲子交流，培养与增进彼此的感情。

（四）注意事项

①该产品含有渐变珠光折纸条，不宜碰水。

②该产品严禁在靠近火源高温地方使用。

③该产品中配有塑料剪刀，刀口锋利，小心使用。

④该产品中配有彩色铃铛，禁止食用。

⑤该产品应在家长或老师的指导帮助下完成。

⑥家长、老师要给予学生适时的鼓励和启发让孩子们自己思考、搭配。

⑦该包装内含细小配件，内含功能性尖点，不适合 5 岁以下儿童使用。

四、产品介绍

（一）一年级

名称：水晶球（图 6-44）

图 6-44　水晶球

设计说明：

为了便于孩子们编织，以现代手工折纸代替麦秆作为编织材料，采用菱角基础造型，与水晶球结合，满足孩子们的童年梦。

制作步骤

材料（图 6-45）：

透明塑料空心球、渐变珠光折纸条、安全塑料剪刀、彩色铃铛卡通挂绳。

图6-45　材料

1. 打开说明书，按照步骤制作。
2. 取出折纸条，选出自己最喜欢的颜色（图6-46）。

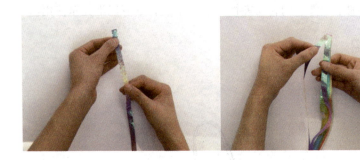

图6-46　选择颜色

3. 把纸条的一边折出一个三角形（图6-47）。

图6-47　折三角形

4. 把上一步的三角形往下折，对齐纸条边（图 6-48）。

图 6-48　往下折三角形

5. 把纸条横过来，把右边的纸条向左折一个三角，要刚好压住中间的角（图 6-49）。

图 6-49　把右边的纸条向左折一个三角

6. 把纸条沿底部折到背面（图 6-50）。

图 6-50　把纸条沿底部折到背面

7. 把左边的纸条向右折一个三角，套住底部边线（图 6-51）。

图 6-51　左边的纸条向右折一个三角

8. 把纸条折到背面，对齐边线，基础的菱角三角形成型了（图 6-52）。

图 6-52　基础的菱角三角形

9. 把纸条从左向右折到正面，与边线留出距离，这样最后的菱角才有层次感（图 6-53）。

图 6-53　边线留出距离

10.重复8、9步骤，一直往下折（图6-54）。

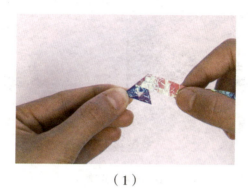

（1）

（2）

图6-54　重复步骤

11.我们会看到一层层的菱角，留出一段折纸，我们来做收尾固定（图6-55）。

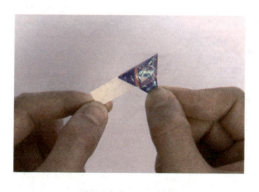

图6-55　留出一段折纸

12. 把折纸条插入菱角背面的边线缝隙里，拉紧（图6-56）。

图6-56　拉紧

13. 取出小剪刀，把多余的折纸条剪掉（图6-57）。

图6-57　剪除多余折纸

14. 一层层好看的菱角成型啦（图6-58）。

图6-58　菱角成型

15. 取出水晶球，从中间拧开（图6-59）。

图6-59　拧开水晶球

16. 放入菱角，再把水晶球盖上拧紧（图6-60）。

图6-60　放入菱角 拧紧

17. 取出挂绳，把挂绳扣在水晶球上。

18. 水晶菱角球挂坠完成啦（图6-61）。

图6-61　水晶菱角球挂坠完成

（水晶球可以装很多不同颜色的菱角和自己喜欢的东西）

（二）二年级

名称：许愿球（图6-62）

图6-62　许愿球

设计说明：

为了便于孩子们编织，以现代手工折纸代替麦秆作为编织材料，采用菱角基础造型，与许愿球结合，在一年及基础上增加菱角数量，增加难度，满足孩子们的童年梦。

制作步骤

材料（图6-63）：透明塑料空心球、渐变珠光折纸条、安全塑料剪刀、许愿架。

图6-63　材料

1. 打开说明书，按照步骤制作。

2. 取出折纸条，选出自己最喜欢的颜色。

3. 把纸条的一边折出一个三角形。

4. 把上一步的三角形往下折，对齐纸条边。

5. 把纸条横过来，把右边的纸条向左折一个三角，要刚好压住中间的角。

6. 把纸条沿底部折到背面。

7. 把左边的纸条向右折一个三角，套住底部边线。

8. 把纸条折到背面，对齐边线，基础的菱角三角形成型了。

9. 把纸条从左向右折到正面，与边线留出距离，这样最后的菱角才有层次感。

10. 重复8、9步骤，一直往下折。

11. 我们会看到一层层的菱角，留出一段折纸，我们来做收尾固定。

12. 把折纸条插入菱角背面的边线缝隙里，拉紧。

13. 取出小剪刀，把多余的折纸条剪掉。

14. 一层层好看的菱角成型啦。

15. 取出许愿球，从中间拧开。

16. 放入菱角，再把水晶球盖上拧紧。

17. 取出许愿架，把许愿球放上去。

18. 许愿球完成啦。（图 6-64）。

图 6-64　许愿球完成

（三）三年级

名称：小船儿（图 6-65）

图 6-65　小船儿

设计说明：

为了便于孩子们编织，以现代手工折纸代替麦秆作为编织材料，采用传统菱角小船造型，以卡纸作为小船骨架，在二年级基础上增加难度，锻炼孩子对造型美感的创作。

制作步骤

材料（图6-66）：手工卡纸、渐变珠光折纸条、塑料剪刀、胶水、编织线。

图6-66　材料

1. 打开说明书，按照步骤制作。

2. 取出纸折条，选出自己最喜欢的颜色。

3. 把纸条的一边折出一个三角形。

4. 把上一步的三角形往下折，对齐纸条边。

5. 把纸条横过来，把右边的纸条向左折一个三角，要刚好压住中间的角。

6. 把纸条沿底部折到背面。

7. 把左边的纸条向右折一个三角，套住底部边线。

8. 把纸条折到背面，对齐边线，基础的菱角三角形成型了。

9. 把纸条从左向右折到正面，与边线留出距离，这样最后的菱角才有层次感哦。

10. 重复8、9步骤，一直往下折。

11. 我们会看到一层层的菱角，留出一段折纸，我们来做收尾固定。

12. 把折纸条插入菱角背面的边线缝隙里，拉紧。

13. 取出小剪刀，把多余的折纸条剪掉。

14. 一层层好看的菱角成型啦。

15. 折够小菱角个数。

16. 取出小船图样卡纸，沿剪口线剪出主图（图6-67）。

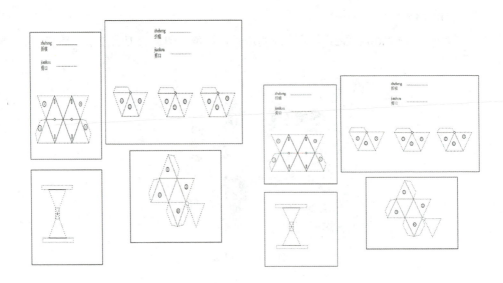

图6-67　主图

17. 把图样虚线部分折叠。

18. 取出胶水剪开。

19. 把菱角粘在卡纸上，颜色可以自由搭配（图6-68）。

（1）

（2）

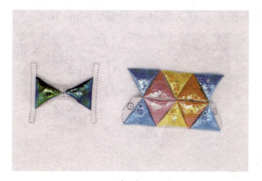

（3）

图 6-68　菱角粘在卡纸上

20. 取出线编织线，分别穿入两个孔打结（图 6-69）。

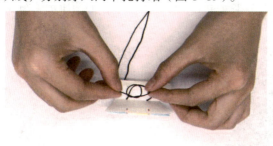

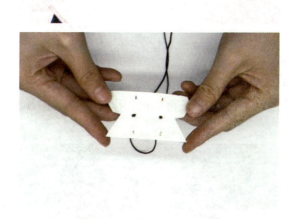

图 6-69　穿入两个孔打结

21. 把另一个如下图所示穿入船体镂空处（图 6-70）。

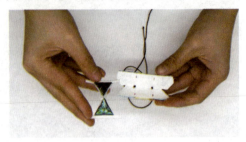

图 6-70　穿入船体镂空处

22. 压平，固定粘好。

23. 按图样粘好侧面。

24. 把线粘在一个小菱角上，再粘下一个，如图所示（图 6-71）。

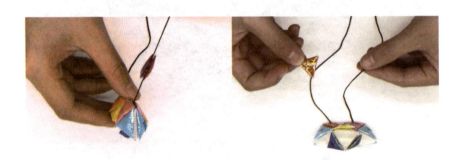

图 6-71　线粘在一个小菱角上

25. 重复 25 步骤，每两个小菱角组合之间都留有间距。

26. 菱角小船上拴一根编织线（可以把它挂在墙上）（图 6-72）。

图 6-72　拴编织线

27. 菱角小船完成啦（图 6-73）。

图 6-73　菱角小船完成

（四）四年级

名称：小鱼风铃（图 6-74）

图 6-74　小鱼风铃

设计说明：

为了便于孩子们编织，以现代手工折纸代替麦秆作为编织材料，采用传统菱角小鱼造型，以卡纸作为小鱼骨架，与风铃结合，在三年级基础上增加难度，满足四年级孩子创新欲望。

制作步骤

材料（图 6-75）：手工卡纸、珠光折纸条、塑料剪刀、胶水、风铃管、编织线。

图 6-75　材料

1. 打开说明书，按照步骤制作。

2. 取出折纸条，选出自己最喜欢的颜色。

3. 把纸条的一边折出一个三角形。

4. 把上一步的三角形往下折，对齐纸条边。

5. 把纸条横过来，把右边的纸条向左折一个三角，要刚好压住中间的角。

6. 把纸条沿底部折到背面。

7. 把左边的纸条向右折一个三角，套住底部边线。

8. 把纸条折到背面，对齐边线，基础的菱角三角形成型了。

9. 把纸条从左向右折到正面，与边线留出距离，这样最后的菱角才有层次感。

10. 重复 8、9 步骤，一直往下折。

11. 我们会看到一层层的菱角，留出一段折纸，我们来做收尾固定。

12. 把折纸条插入菱角背面的边线缝隙里，拉紧。

13. 取出小剪刀，把多余的折纸条剪掉。

14. 一层层好看的菱角成型啦。

15. 折够小菱角个数。

16. 取出小鱼图样卡纸，沿剪口线剪出主图（图 6-76）。

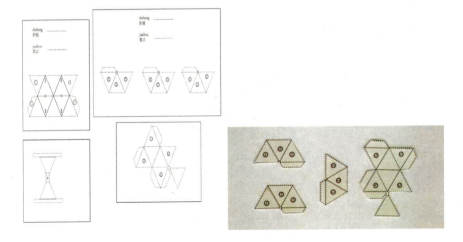

图 6-76 主图

17. 把图样虚线部分折叠（图 6-77）。

图 6-77 把图样虚线部分折叠

18. 取出编织线，穿过镂空处，如图所示（图 6-78）。

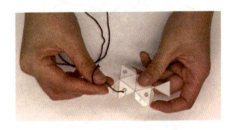

图 6-78 穿过镂空处

19. 取出胶水剪开。

20. 粘上连接口（图6-79）。

图6-79　粘上连接口

21. 把菱角粘在卡纸上，颜色可以自由搭配（图6-80）。

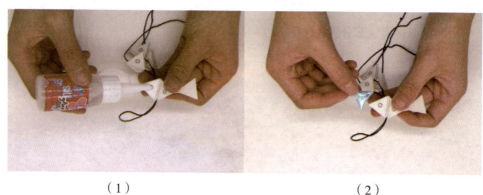

（1）　　　　　　　　　　　　　　　（2）

（3）

图6-80　菱角粘在卡纸上

22. 取出风铃管，拴上（图 6-81）。

图 6-81　拴风铃

23. 小鱼风铃完成啦（图 6-82）。

图 6-82　小鱼风铃完成

（五）五年级

名称：小绣球（图6-83）。

图6-83　小绣球

设计说明：

为了便于孩子们编织，以现代手工折纸代替麦秆作为编织材料，采用传统菱角绣球造型，以卡纸作为绣球骨架，与流苏穗子结合，在四年级基础上增加难度，用于挂饰。

制作步骤

材料（图6-84）：手工卡纸、珠光折纸条、塑料剪刀、胶水、流苏穗子。

图6-84　材料

1.打开说明书，按照步骤制作。

2.取出折纸条，选出自己最喜欢的颜色。

3.把纸条的一边折出一个三角形。

4.把上一步的三角形往下折，对齐纸条边。

5.把纸条横过来，把右边的纸条向左折一个三角，要刚好压住中间的角。

6.把纸条沿底部折到背面。

7.把左边的纸条向右折一个三角，套住底部边线。

8.把纸条折到背面，对齐边线，基础的菱角三角形成型了。

9.把纸条从左向右折到正面，与边线留出距离，这样最后的菱角才有层次感。

10.重复8、9步骤，一直往下折。

11.我们会看到一层层的菱角，留出一段折纸，我们来做收尾固定。

12.把折纸条插入菱角背面的边线缝隙里，拉紧。

13.取出小剪刀，把多余的折纸条剪掉。

14.一层层好看的菱角成型啦。

15.折够小菱角个数。

16.取出小鱼图样卡纸，沿剪口线剪出主图（图6-85）。

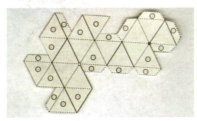

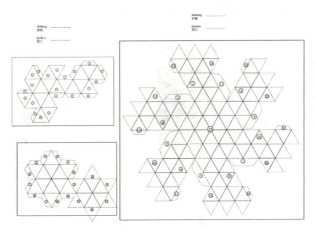

图6-85 主图

17. 把图样虚线部分折叠（图6-86）。

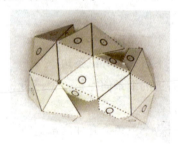

图6-86 折叠

18. 取出穗子，穿过镂空处，如图所示（图6-87）。

图6-87 穿过镂空处

19. 取出胶水剪开。

20. 粘上连接口（图6-88）。

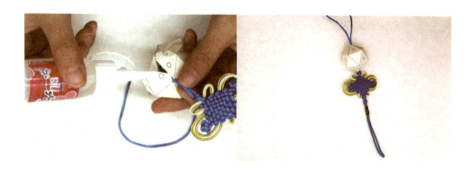

图6-88 胶水粘接

21. 把菱角粘在卡纸上颜色可以自由搭配（图6-89）。

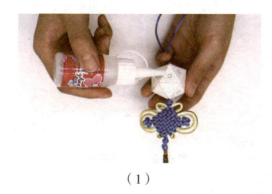

（1）

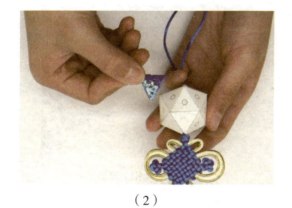

（2）

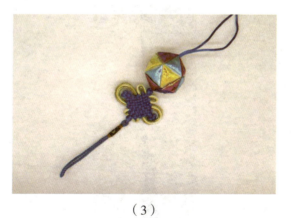

（3）

图6-89　把菱角粘在卡纸上

22. 打结固定（图6-90）。

图6-90　打结固定

23. 扣上流苏（图6-91）。

图6-91　扣上流苏

24. 小绣球完成啦（图6-92）。

图6-92　小绣球完成

（六）六年级

名称：小花帽（图 6-93）

图 6-93 小花帽

设计说明：

为了便于孩子们编织，以现代手工折纸代替麦秆作为编织材料，采用传统菱角帽子造型，以卡纸作为帽子骨架，编织许多小菱角，在五年级基础上增加难度，简约精美。

制作步骤

材料（图 6-94）：手工卡纸、珠光折纸条、塑料剪刀、胶水。

图 6-94 材料

1. 打开说明书，按照步骤制作。
2. 取出折纸条，选出自己最喜欢的颜色。
3. 把纸条的一边折出一个三角形。
4. 把上一步的三角形往下折，对齐纸条边。
5. 把纸条横过来，把右边的纸条向左折一个三角，要刚好压住中间的角。

6. 把纸条沿底部折到背面。

7. 把左边的纸条向右折一个三角,套住底部边线。

8. 把纸条折到背面,对齐边线,基础的菱角三角形成型了。

9. 把纸条从左向右折到正面,与边线留出距离,这样最后的菱角才有层次感。

10. 重复 8、9 步骤,一直往下折。

11. 我们会看到一层层的菱角,留出一段折纸,我们来做收尾固定。

12. 把折纸条插入菱角背面的边线缝隙里,拉紧。

13. 取出小剪刀,把多余的折纸条剪掉。

14. 一层层好看的菱角成型啦。

15. 折够小菱角个数。

16. 取出小花帽图样卡纸,沿剪口线剪出主图(图 6-95)。

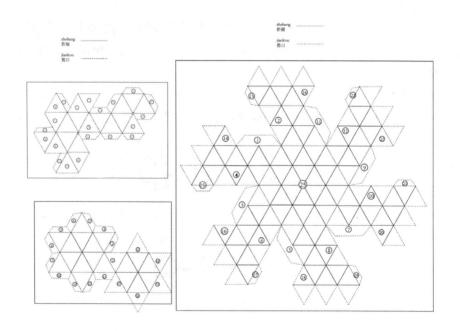

图 6-95 主图

17. 把图样虚线部分折叠（图 6-96）。

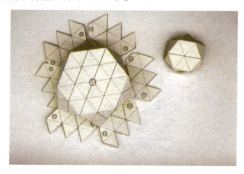

图 6-96　虚线部分折叠

18. 取出胶水剪开。

19. 粘上连接口（图 6-97）。

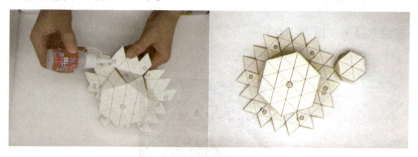

图 6-97　粘上连接口

20. 把菱角粘在卡纸上，颜色可以自由搭配（图 6-98）。

（1）　　　　　　　　　　　　（2）

图 6-98　把菱角粘在卡纸上

21. 小花帽完成啦（图6-99）。

图 6-99　小花帽完成

五、包装效果图

一年级水晶球（图6-100）：

图 6-100　水晶球包装效果图

二年级许愿球（图6-101）：

图 6-101　许愿球包装效果图

三年级小船儿（图6-102）：

图6-102　小船儿包装效果图

四年级小鱼风铃（图6-103）：

图6-103　小鱼风铃包装效果图

五年级小绣球（图6-104）：

图6-104　小绣球包装效果图

六年级小花帽（图 6-105）：

图 6-105　小花帽包装效果图

第四节　草编菱角文创衍生品首饰设计理论与实践

一、作品简介

主题:《简》

材质：麦秆、黄铜

风格：简约大气

工艺：手工编织

二、灵感来源

提到首饰设计，人们常常想到的是稀有宝石和贵金属，推崇的是国际品牌。而今创意设计成为了现代设计师的追求，一款并不贵重却别致的首饰更能彰显个性与品位。

灵感来源于现代首饰设计与草编菱角搭配，用现代设计与传统工艺来表现，使用原材料作为设计元素体现人们对传统的寻求和对自然的亲近。

三、设计表现

如下图所示（图6-106）：

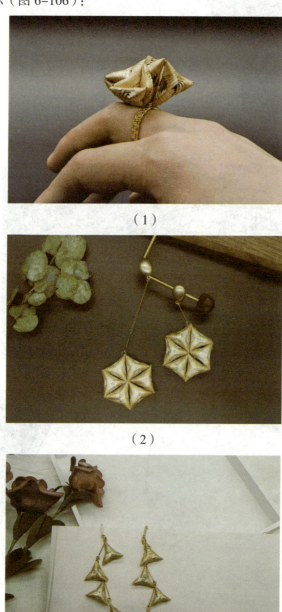

（1）

（2）

（3）

（4）

（5）

（6）

（7）

（8）

（9）

（10）

图6-106 设计表现图

参考文献

[1] 王晓娟, 乔南. 大名草编元素在现代服装设计中的应用 [J]. 大众文艺,2016（12）:61-62.

[2] 孙凤临. 中国民间草编艺术在包装设计中的应用 [J]. 艺术与设计（理论）,2016,2（09）:39-41.

[3] 王羽坚, 马强, 郭优来. 国家非物质文化遗产现状分析——以大名县草编为例 [J]. 经贸实践,2017（15）:73.

[4] 刘慧. 水葫芦草编家具及日用品设计实践与研究 [D]. 中国美术学院,2014.

[5] 冯彦旺, 冯惠敏. 发展草编富民兴镇 [J]. 吉林农业,1997（09）:23-24.

[6] 施文丽. 云南民族民间工艺的分类及其初步研究 [D]. 昆明理工大学,2005.

[7] 本刊编辑部, 西皮流水, 阿柱. 草编艺术:像草一样摇曳 [J]. 环境,2006(07):58-59.

[8] 草编工艺八法 [J]. 农村实用科技信息,1995（01）:19.

[9] 1990 年前法国将限制中国拖鞋及草编鞋进口 [J]. 皮革化工,1988（Z1）:67.

[10] 莫力. 非物质文化遗产的现代发展 [D]. 云南大学,2014.

[11] 王琼. 云南苗族传统体育非物质文化遗产现状调查研究 [J]. 体育科技文献通报,2019,27（03）:14-16.

[12] 张海. "2017 年云南省非遗项目及传承人影像记录骨干培训"圆满结束 [J]. 西南边疆民族研究,2018（01）:2+232.

[13] 吴晓亮, 郝云华. 云南少数民族非遗新生代传承人"回逆再构"式培养研究 [J]. 云南民族大学学报（哲学社会科学版）,2014,31（01）:66-70.

[14] 刘玉璟, 徐人平. 构建契合非遗语境的艺术设计人才培养模式——云南民族大学"非遗"特色教育思考 [J]. 创意设计源,2018（03）:54-59.

[15] 保奕帆 . 云南少数民族舞蹈非物质文化遗产高校传承方式的探索 [D]. 云南艺术学院 ,2012.

[16] 武限 . 云南少数民族非物质文化遗产产业管理模式研究 [D]. 云南财经大学 ,2015.

[17] 刘坚 . 云南省少数民族传统体育非物质文化遗产保护与传承研究 [D]. 北京体育大学 ,2012.